她世纪

隋唐的那些女性

于赓哲 著

陕西师范大学出版总社

图书代号：SK15N0204

图书在版编目（CIP）数据

她世纪：隋唐的那些女性 / 于赓哲著. —西安：陕西师范大学出版总社有限公司，2015.3
　ISBN 978-7-5613-8082-6

　Ⅰ.①她… Ⅱ.①于… Ⅲ.①女性—名人—人物研究—中国—隋唐时代　Ⅳ.①K828.5

中国版本图书馆CIP数据核字(2015)第032134号

她世纪——隋唐的那些女性
Ta Shiji　Sui-Tang de Naxie Nüxing

于赓哲　著

策划编辑 /	郭永新
执行编辑 /	姚蓓蕾
责任编辑 /	王丽敏　赵荣芳　华翔凤　张　佩
责任校对 /	谢勇蝶　王红凯　赵荣芳　梁　菲
装帧设计 /	门乃婷工作室
出版发行 /	陕西师范大学出版总社
	（西安市长安南路199号 邮编710062）
网　　址 /	http://www.snupg.com
印　　刷 /	西安建科印务有限责任公司
开　　本 /	720mm×1020mm　1/16
印　　张 /	11.25
插　　页 /	2
字　　数 /	150千
版　　次 /	2015年3月第1版
印　　次 /	2015年3月第1次印刷
书　　号 /	ISBN 978-7-5613-8082-6
定　　价 /	28.00元

读者购书、书店添货或发现印装质量问题，请与本公司营销部联系、调换。
电话：(029)85307864　85303629　传真：(029)85303879

目录

▎第一讲　强势果决——独孤皇后/001

　　隋文帝杨坚在临死前，还在切齿痛骂太子杨广的不仁不孝，还在怨恨着独孤伽罗对自己的误导。这个从十四岁开始就和他相伴终身的女人，对他势力的壮大、夺取天下、治国理政都有贡献。为什么说独孤皇后对丈夫的掌控于整个政坛的影响都不可小觑，甚至影响了整个隋朝的历史走向呢？

▎第二讲　执拗淡然——杨丽华/019

　　杨丽华的夫君周宣帝宇文赟是中国历史上著名的荒唐皇帝，同时有五个皇后，并且经常虐待她，甚至威胁要灭她全族。宇文赟暴毙后，杨坚代周建隋，杨丽华对父亲的做法异常愤怒，并且直至去世前，她最认同的自己的身份仍是北周皇太后。杨丽华有怎样的性格特点，又有哪些经历呢？

▎第三讲　后宫典范——长孙皇后/030

　　唐太宗李世民的妻子长孙皇后，作为贞观之治的亲历者，作为唐太宗这样一个盛世君王背后的女人，在唐朝开国的过程中，在唐太宗治国的过程中，都有什么样的作为？为什么在当时和后世，她都是母仪天下的楷模呢？

第四讲　汉藏和亲——文成公主/043

公元641年唐太宗做了很多事情,但只有他嫁公主这件事情让这一年显得不同寻常。这位公主就是大名鼎鼎的文成公主,文成公主要嫁的丈夫,就是当时的吐蕃领袖松赞干布。那么,文成公主为什么要远嫁吐蕃?文成公主出嫁,对中国历史的进程又产生了怎样的影响呢?

第五讲　骄横荒唐——高阳公主/056

因为一只枕头,高阳公主和高僧辩机的婚外情被公之于世,舆论哗然。辩机被腰斩,高阳公主羞恼异常,她不是恼自己的所作所为,而是恼父亲的痛下杀手。不久唐太宗驾崩,高阳公主竟然没有一点儿悲伤。后来,她又做了哪些出格的事呢?

第六讲　日常生活中的武则天/063

武则天的一生,可以说是一直站在政治风暴的中心。但她的人生并不是只有政治生活,也有衣食住行的品位追求,还有对养颜美容的坚持不懈,她有自己的艺术爱好。那么,还原一个平常人的武则天,我们能看到她怎样不为人知的另一面呢?

第七讲　武则天的时代印记/075

武则天是唐代乃至整个中国历史上最具性格的女人之一,她的一生像一条大河,奔流在中国的历史当中。尽管她的时代已经距今一千多年,人世间早已经历沧海桑田的变化,但武则天却留下了无数鲜明的历史印记。那么,她留下的哪些历史印记一直流传到今天呢?

第八讲　太平公主的前半生——青少年时代/088

作为武则天的女儿,太平公主是最像武则天的人,也是最有可能继承武则天事业的人。她一度光华璀璨,但最终像流星一样划过夜空。而这一切又与她的青少年时代密切相关。那么她青少年时有哪些经历?哪些人对她的影响最大?

第九讲 太平公主的前半生——蜕变之路/099

武则天赋予太平公主的基因，使她绝不甘心相夫教子终其一生，她一定要大展宏图，她选择的途径是帮助母亲逐步走上政坛，然后逐步发出自己的声音，最后甚至逐步改变了母亲的思想和作为。那么太平公主通过哪些手段影响武则天甚至影响整个国家呢？在这个过程中，又是什么因素为她埋下了杀身之祸？

第十讲 恶名千古——韦皇后/111

韦皇后一心想成为武则天第二，但她自身能力又与这种野心不相匹配。在她的作用下，唐朝官场的腐败达到了一个前所未有的高度，贪污盛行，卖官鬻爵，其后果甚至持续到李隆基当皇帝以后若干年，后来才逐渐消散。韦皇后做过什么事以至留下千古恶名？历史给予她的评价又客观与否？

第十一讲 可恨可怜——武惠妃/123

武惠妃是武则天的侄孙女，也是唐玄宗最宠爱的妃子，地位仅次于唐玄宗的原配王皇后。在王皇后被废后，武惠妃却始终没有被封为皇后。她身上有武家遗传下来的对权力的渴望，最终却死于这种渴望。武惠妃也是个弄权的女人吗？为什么说她的失败是玄宗一朝的必然产物？

第十二讲 帝国悲歌——杨贵妃/135

白居易的《长恨歌》令杨贵妃和唐玄宗凄美的爱情故事家喻户晓。千百年来，人们对杨贵妃有各种各样的解读，有人说她误国，有人说她只是时代的牺牲品。那么，哪一种解读更接近历史的真实呢？还原一个普通人的悲喜欢忧，我们能看到一个怎样的杨贵妃呢？

第十三讲 扫眉才子——唐代的才女们/145

唐朝诗歌空前繁荣，无论是帝王将相、才子佳人，还是黎民百姓、钓叟樵夫,都能作诗,因此涌现出一大批文学巨匠,最为人熟知的就是诗仙李白、诗圣杜甫。其实当我们感叹这些大才子的才华的时候,在繁盛的唐朝文坛里,还有一道被我们忽略的亮丽风景,她们在那里悄然绽放,那就是唐朝历史上的才女。唐朝都有哪些著名的才女?她们有着怎样的文学成就?才华横溢的她们又有哪些不为人知的命运故事?

第十四讲　爱红装也爱武装——唐代的女将们/155

一说到沙场征战,大部分人就会认为,这应当是热血男儿的事。虽然木兰替父从军、杨门女将征西的巾帼英雄故事让人刮目相看,但这些人物多经过文艺演绎,真实的历史中根本不存在。唐代是一个尚武的时代,涌现出一批女性,不仅会相夫教子,还能征战沙场。唐朝出过哪些女将?在刀光剑影、生死厮杀的战场上,又留下了她们怎样的飒爽英姿?

第十五讲　时代侧影——唐代妇女的婚姻与家庭/164

唐代是一个开放包容的时代,女性有着其他封建王朝女性难以企及的自由:女性可以和男性一样抛头露面,自由交往异性;在婚姻上,虽然仍然要听从父母之命、媒妁之言,但可以大胆地对选择夫婿提出条件;在家庭里,可以操持门户,占据主动地位。唐代女性用她们自己的行动,为这个时代增添了光彩。那么,一个令人神往、富于激情与梦想的唐朝,会塑造出怎样的属于这个时代的女性气质呢?

第一讲 强势果决——独孤皇后

独孤皇后名伽罗,隋文帝皇后。选择她作为本书开篇人物的原因,除了时代较早之外,还有很重要的一点:她是隋唐时期女性的代表性人物,她对丈夫隋文帝的掌控,对整个政坛的影响都不可小觑。甚至可以说,她影响了整个隋朝的历史走向。

一、出身非凡

独孤皇后的出身很不平凡,她是独孤信的第七个女儿,也是最小的女儿。独孤信是西魏、北周八柱国大将军之一,大司马,显赫一时。独孤这个姓氏一听就知道是鲜卑人(上古属于匈奴种,中世以来属鲜卑)。有人可能要有疑问:北魏孝文帝改革时,鲜卑姓氏不是改为汉姓了吗,为何独孤姓氏可以保留?其实,孝文帝汉化改革中改姓的主要是随同他迁居洛阳的那些鲜卑人，那些鲜卑人中的独孤氏改姓为刘，但是我们的主人公一家看来没改。陈寅恪先生曾指出，当时未改姓的多半是留居代北且部落未曾解散者。独孤氏出身云中，看来是属于留居代北者。他们这个家族是北魏末年才迁居到洛阳的。

独孤信与西魏、北周创始人宇文泰关系甚笃，两人早年间都曾与六镇起义有瓜葛，六镇起义过后他们一直跟随大将军贺拔岳。贺拔岳是个深孚众望之人，北魏孝武帝曾联络他，欲铲除高欢，结果被高欢买通秦州刺史侯莫陈悦杀死了。于是，宇文泰被推为该集团首领，开始了他创立西魏、北周的宏图伟业。

后来孝武帝出走，逃往长安，独孤信因为护驾有功而受封赏。此时中国分裂为三部分，南方是梁朝，而北方则有西魏宇文氏集团与东魏高氏集团。东西魏接连大战，独孤信在战争中屡建功勋。

对宇文泰来说，当时的最大问题是西魏方面实力较弱，比不上东魏经济富庶、人口众多。所以他就要想办法最大限度地发挥人、财、物的潜力，因此创办了八柱国和府兵制。所谓八柱国，就是宇文泰、元欣、李虎、李弼、赵贵、于谨、独孤信、侯莫陈崇等八位柱国大将军。他们组成最高领导集团，首领是宇文泰，而元欣是北魏宗室，基本属于被拉来装点门面的。

八柱国之下有十二大将军，这样一个二十人的小集团，却影响中国政治走向上百年。其中，宇文泰是北周实际创始人，李虎是唐高祖李渊的祖父，李弼是瓦岗军首领李密的曾祖，十二大将军中的杨忠是隋文帝杨坚的父亲。也就是说，这个小小的集团内出了三代王朝。这难道是偶然的？其实，因为这个小集团高度集权，并且秉承了魏晋南北朝时期贵族政治之余风，一旦战胜北齐、统一北方，则以泰山压顶之势将整个天下收入囊中，尽管统一是在隋代才完成的，但是八柱国统辖天下的基本格局却早已奠定。

清代赵翼《廿二史札记》评价这个小集团说："魏之亡，则周、隋、唐三代之祖皆出于武川。宇文泰四世祖陵，由鲜卑迁武川，陵生系，系生韬，韬生肱，肱生泰，是为周文帝。杨坚五世祖元素，家于武川，元素生惠嘏，惠嘏生烈，烈生祯，祯生忠，忠生坚，是为隋文帝。李渊三世祖熙，家于武川，熙生天赐，天赐生虎，虎生昺，昺生渊，是为唐高祖。区区一弹丸之地，出三代帝王。周幅员尚小，隋、唐则大一统者，共三百余年。岂非王气所聚，硕大繁滋也哉！"他解释为"王气所聚"，其实所谓王气，用现代的话说就是正确的措施、同仇敌忾的气魄以及高度集权的模式所带来的政治优势。

独孤家虽然没有出过皇帝，但是却别有特色——出皇后，而且是一门三皇后。独孤信一共有七个女儿，长女嫁给宇文泰的长子宇文毓，也就是北周明帝，四女嫁给李虎之子李昺，生李渊，李唐开国后被追封为元贞皇后。他的七女儿则嫁给了杨坚，她也就是我们这一章的主角独孤皇后。

中国历史上一门出几个皇后的不是没有，但是一门出三个皇后，而且还是三个不同王朝的皇后，其中两个王朝还是未来时，这绝对是独一门。偶然中有必然，就是因为这个军功贵族集团权力高度集中，王朝兴替皆在这个集团内进行，尤其是他们喜欢内部通婚，于是出现这个小概率事件的可能性就大大增加了。

还可以做一个推测：独孤家的女儿也许比较漂亮。因为她们的遗传基因应该比较好——父亲独孤信就以仪容美而著称，而且他从少年时代起就很注重仪表服饰，及长甚至成了西魏的时尚风向标。《北史·独孤信传》记载："又信在秦州，尝因猎日暮，驰马入城，其帽微侧，诘旦而吏人有戴帽者，咸慕信而侧帽焉。其为邻境及士庶所重如此。"他打猎时风将帽子吹歪，自己浑然不觉，竟然引发全城男子效仿，可见其仪容美之程度。

我们今天所讲的独孤氏是独孤信最小的女儿。她十三四岁的时候，独孤信为她选择夫婿，看中的是大将军杨忠之子杨坚。独孤家和杨家关系非同一般，不仅同为八柱国、十二大将军集团成员，而且早年间独孤信和杨忠曾经并肩战斗，甚至一同落难。当时两人一起守荆州，遭到东魏猛攻，荆州失守，两人逃奔梁朝，后来谢绝梁武帝的挽留，返回西魏。两家关系十分稳固，大概也正是因为这个缘故，所以结成了亲家。

这一年是公元557年，独孤氏十四岁，而杨坚时年十六岁。

二、祸不单行

就在出嫁这一年，独孤家遭遇了一个巨大的灾难——独孤信被逼自杀。

独孤信在八柱国中的威望十分高，以至宇文泰对他都有所敬畏。《周书·李远传》记载了这样一段故事："时太祖嫡嗣未建，明帝居长，已有成德；孝闵处嫡，年尚幼冲。乃召群公谓之曰：'孤欲立子以嫡，恐大司马有疑。'大司马即独孤信，明帝敬后父也。众皆默，未有言者。远曰：'夫立子以嫡不以长，礼经明义。略阳公为世子，公何所疑。若以信为嫌，请即斩信。'便拔刀而起。太祖亦起曰：'何事至此！'信又自陈说，远乃止。于是群公并从远议。出外拜谢信曰：'临大事，不得不尔。'信亦谢远曰：'今日赖公，决此大议。'"当时宇文泰犹豫是立庶长子宇文毓，还是嫡长子宇文觉，宇文觉时年尚幼，而宇文毓是独孤信的大女婿。宇文泰想立宇文觉，却担心独孤信不服，大臣李远站出来说："立子以嫡不以长，假如是因为独孤公的缘故而为难，我立即动手杀了独孤公。"宇文泰立即制止说："何至于如此！"再加上独孤信其实也是支持立嫡的，这场风波才告平息。李远出门拜谢独孤信说："这是做大事，不得不如此。"独孤信也是君子，回答说："仰赖您才决定此大事。"两人这场交锋可谓君子之争。

但是此事预示着独孤信与西魏、北周传位之争是不可能脱开关系了。而且后面的斗争可就没有这么和风细雨了。

宇文泰去世之际，仍旧担心宇文觉年幼，特向侄子宇文护托孤。但宇文护在宇文泰死后秘不发丧，一直护送灵柩从云阳返回长安才正式举丧，并且开始把持大权，迫使西魏恭帝禅位于宇文觉，第二年宇文觉称天王，西魏灭亡，北周正式开国。

宇文护行事骄横跋扈，招来了其他柱国大将军的不满，其中包括赵贵和独孤信。赵贵想发动政变杀死宇文护；独孤信也反对宇文护，但是却觉得时机尚不成熟，于是制止了他。就在此时，消息泄露，宇文护得知之后先下手为强，将赵贵、独孤信抓获，赵贵被杀，没过多久，独孤信也被逼自尽。

独孤氏嫁给杨坚正是在这一年，虽然月份不详，但一定是在此事件之前，因为她绝不可能居父丧而出嫁。独孤信之死可谓灭顶之灾，十多岁的独孤氏此时的心情没有史料记载，但一定是充满了悲愤、恐惧，以及对前途的深深忧虑。在那个年代里，家长的官品就是立家的根本，父亲的死将导致整个家族的没落。痛苦是刻骨铭心的，后来她当了皇后，每次见到公卿有父母双全者都毫不掩饰自己的羡慕，可见这少年之痛的长久。

祸不单行，不久独孤氏的大姐也去世了。大姐是宇文泰儿媳、宇文毓之妻，而且她的死与父亲的死密切相关。独孤信死后，宇文护废黜宇文觉（自古权臣多有废立），拥立宇文毓为天王。但是他非常忌惮宇文毓的正妻独孤氏大姐，于是想让宇文毓另立皇后，但是宇文毓与独孤氏大姐感情甚笃，最终不顾宇文护的反对，于公元558年正月立独孤氏大姐为后，但此时独孤氏大姐对父亲被害悲愤异常，积郁成疾，于当年四月卒，谥号明敬皇后。

独孤家此时可谓陷入了最低谷。柱国大将军曾经的辉煌也难以抵挡政治的险恶。所以对于独孤氏来说，此时如何选择至关重要，大约唯有韬光养晦才是正道。史籍记载独孤氏此阶段内养成了"谦卑自守"的性格。天无绝人之路，独孤家中兴的机会很快就来了，这个机会来自独孤氏的夫家。

杨家门第显赫，又是汉族，他们与独孤家的联姻一方面是两家交情所致，另一方面也是北魏后期鲜卑贵族与汉族贵族联姻风潮的体现。杨忠与独孤信是老战友，而且是个老谋深算之人，早早就料到了将有激烈的政治斗争，所以采取了不偏不倚的中立态度，公元568年去世前还一再叮咛杨坚勿参与皇室斗争。杨坚听从了劝告，始终采取一种超然的态度，这样就在这个微妙时刻有效地保护了自己。杨坚相貌奇特，《隋书·文帝纪》记载："为人龙颔，额上有玉柱入顶，目光外射，有文在手曰'王'。长上短下，沉深严重。初入太学，虽至亲昵不敢狎也。"古代记述帝王长相，往往塑造神奇，有所夸大，但杨坚相貌奇特大体是可以肯定的（至于玉柱之类毫无疑问是夸张），陈后主曾经让使者绘出隋文帝相貌，一见大惊："吾不欲见此人。"（《南史》卷一〇《陈本纪下》）相貌还在其次，关键是杨坚颇有才干，深孚众望，这一点十分重要，也是后来他得登皇位的一个重要因素。而独孤氏能够驾驭这样的一个男人，恐怕其手腕和能力也是不容小觑的。

宇文毓后来被宇文护毒杀，临死前为了不让宇文护有废立的自由，宇文毓当着群臣的面用尽最后力气大喊立四弟鲁国公宇文邕。由于当时听到者众多，宇文护没有办法，只好从命。宇文邕即位，即卓有作为的北周武帝。公元572年，武帝杀死宇文护，正式亲政。北周政治这才步入正轨。

三、走出低谷

公元572年四月，武帝册立其子宇文赟（yūn）为太子，聘纳杨坚与独孤伽罗所生长女杨丽华为皇太子妃，于是独孤家仰仗这个女婿迎来了家族第二春。从低谷到第二春，这个过程经历了十多年。这个阶段内独孤氏究竟有何作为，史料阙如，但可以肯定的是基本"格调"就是《隋书·文献独孤皇后传》所形容的那样："初亦柔顺恭孝，不失妇道。"

而实际上独孤氏是一个果决、泼辣的女性。她的风格实际上是积极进取的，有着强烈的掌控欲。这种风格一方面来自北方游牧民族血统；一方面来自刚刚结婚时所遭遇的一连串家庭悲剧，这些悲剧塑造出一个坚强、有主见的独孤氏。以前这种性格只展现在家庭内部，结婚之初，她就已经展现出对夫君的掌控能力。面对当时普遍的纳妾风习，独孤氏要求丈夫发誓，"誓无异生之子"，也就是说不要亲近其他女性。隋文帝五个儿子都出于独孤氏，侧面印证了这个誓言的存在。

独孤氏这样做，一方面反映出她重视家族血统的纯正，严格保持嫡庶之分；一方面是因为她厌恶男人好色，而这一点对后来杨广夺嫡事件产生了巨大影响，这是后话。

杨坚对自己的这位妻子也是情深意切，婚后不久还作了《天高》《地厚》两首曲子，以示夫妻恩爱。

在女儿出嫁之后，独孤氏逐渐对外展现了她果决、泼辣的做事风格。女人就是这样，无论平时如何韬光养晦，如何温良贤淑，在保护儿女的时候就会展现出自己最坚强、最果决的一面。更何况独孤氏原本就有强人风范。

她的女婿周宣帝宇文赟是一个著名的荒唐皇帝，用唐代魏徵的话来说就是一个"昏主"（宇文赟的具体事迹请见第二讲）。女儿杨丽华偏偏又是一个极有主见、极具性格的女子，这种执拗的性格很快就差点给杨丽华带来灭顶之灾。

有一次，夫妻吵嘴。周宣帝本是个喜怒无常、残忍嗜杀之人，而且平时看自己的岳丈深孚众望，已经颇有忌惮，所以也就有了一层借题发挥的意思，当即放出话来，赐皇后自尽。有人报告了杨坚，杨坚急得跳脚，但是却毫无办法，因为此事应该是发生在后宫，杨坚身为大臣，无旨意不得擅自入宫，所以干着急没办法。此时，独孤氏挺身而出，只身直闯后宫，展开对女儿的绝地营救。

独孤氏深谙自己这个荒唐女婿的心理，这个女婿本身就是神经质，而且对杨家颇有疑心，所以此时除了示弱没有别的办法。独孤氏来到周宣帝面前，立即拜倒叩头，血流满面，恳请他原谅自己的女儿。这种卑躬屈膝换来了周宣帝的满意，于是他收回了成命，杨丽华这才逃得一命。

但是这个女婿的荒唐迟早会给杨家带来祸患,对杨坚和独孤氏来说,恐怕此时都陷入了深深的忧虑之中。果然,此事过后周宣帝还愤愤然对杨丽华说:"必族灭尔家!"(《资治通鉴》卷一七四《陈纪八》)可见他对杨坚的戒心并没有因为独孤氏卑躬屈膝而彻底消除。

但是老天帮忙,这个麻烦后来解决了,而且是以一种让杨坚、独孤氏始料未及的方式解决的——周宣帝暴毙,政权转移到了杨坚的手中。

清代赵翼《廿二史札记》曾经对杨坚夺权的过程有过一段精彩的议论:"古来得天下之易未有如隋文帝者,以妇翁之亲,值周宣帝早殂,结郑译等矫诏入辅政,遂安坐而攘帝位。其时虽有尉迟迥、宇文胄、石愻、席毗、王谦、司马消难等起兵匡复,隋文犹假周之国力,不半载殄灭之。于是大权在手。"的确是这样,古来夺取政权者或通过政变,或通过战争,而且其过程往往伴随着血雨腥风、伏尸百万,但是杨坚夺取天下真可称一个"易"字。

当时宇文赟已经升格自己为太上皇,但新立的静帝年幼,天下大政仍在他的掌控中。宇文赟虽然年纪轻轻,但是早已被酒色掏空了身体。公元580年夏,他出外游玩,很快就觉得身体不适,于是回宫,回到宫内就立即进入了弥留状态。他身边有一批近臣,包括小御正刘昉、领内史郑译、御饰大夫柳裘、内史大夫韦谟、御正下士皇甫绩等,这些人原本多半都是靠谄媚得以成为近侍之臣的,看到这个状况,立即开始打自己的小算盘了。他们原本都是些无骨气、唯利是图的小人,谄媚周宣帝原本就是图个进身之阶,国家、忠诚之类的概念从来没进入过脑海里,周宣帝病危,而外界还不知情,正是弄权的好机会。对这些人来说,假如一切按部就班,等待宣帝去世,昭告天下,然后静帝在母后辅佐下亲政,则什么好处也捞不到,所以只有不按常理出牌,求得一个拥立之功,才能确保荣华富贵和权势不倒。估计当年秦始皇去世时赵高、李斯等人就是这样想的。

那么拥立何人呢?此时最适合当皇帝的乃是宗室赵王宇文招。但是不能拥立他，因为他不会同意篡位，反倒可能会保护年幼的静帝。思来想去，大家觉得杨坚最合适。首先，他是根正苗红的关陇集团核心成员后代；其次，此人有权略，深孚众望，而且他是周宣帝的岳丈，拥立他的话，太后杨氏一定不会反对。所以大家拍板，立即请杨坚入宫。

此时的杨坚还蒙在鼓里，周宣帝病危的事他不知道，一干人等在商讨拥立他，他就更不知晓了。要说也是上天帮忙，杨坚此前已经接到周宣帝的任命，要求他去担任扬州总管，主持南征。但是出发前夕，杨坚忽然得了足疾，因此就暂时留在京城治病。要说这场病来得真是及时，天上掉下来的大馅饼就在此时落下了。

刘昉、郑译等人派遣使者秘密来到杨府，向杨坚通报了情况。杨坚听说周宣帝病危，大吃一惊，更令他没想到的是这些人竟然要拥立他，更是手足无措，于是断然拒绝。他的心情可以理解——太令人震惊了，毫无思想准备。他甚至有可能在怀疑这里面是不是有什么玄机，是不是周宣帝在试探自己，所以拒绝了。

使者回去复命，刘昉一听，命令使者返回杨府，给杨坚说了这么一句话："公若为，速为之；不为，昉自为也。"（《资治通鉴》卷一七四《陈纪八》）你来不来？你不来我可就来了。杨坚一听，那还是我来吧，于是立即动身进入宫中。

估计在使者一来一回的这个过程中，杨坚整理了思路，已经从震惊中清醒过来，而且极有可能派人从女儿那里打探到了确切的消息——周宣帝的确病危了。这些拥立者中有郑译，此人自幼与自己同学，且早先就表达过对周宣帝的不满，透露过拥戴自己的意图，当时郑译对杨坚说："以公德望，天下归心。欲求多福，岂敢忘也！"（《资治通鉴》卷一七四《陈纪八》）所以综合判断下来，此事不是周宣帝对自己的试探，刘昉、郑译拥戴自己的动机虽然不高尚，但却是真心实意的，所以杨坚决定入宫秉持大政。很快，周宣帝死，杨坚任大丞相，假黄钺，都督内外诸军事，把持了整个朝政，不久就逼年幼的静帝禅让，自己登上了皇位，建立了隋朝，年号开皇，定都长安，第二年又兴建大兴城（即隋唐长安城），迁都于此。

在登基过程中，独孤氏也起到了关键的作用，正是她对自己的丈夫说的一句话帮助杨坚下定了决心："大事已然，骑兽之势，必不得下，勉之！"（《隋书》卷三六《后妃传》）此处"兽"即"虎"，《隋书》作者避李渊先祖李虎的名讳，故曰"兽"。此话的意思是——你已经总理朝政，拥戴你的人自然拥戴你，反对你的人并不会因为你收手就对你感恩戴德，此时是骑虎之势，唯有一路走下去，假如此时跳下来，必遭反噬。杨坚就此下定决心，抛开最后的一点顾虑，取代了周静帝，建立了大隋朝。不久，正式册立独孤氏为皇后。一代名后自此登上历史舞台。

四、皇后之路

作为皇后的独孤氏，应该说最初是合格的。她本来就很有主见，很有果决的作风，加上性格泼辣，以她的能力统领后宫绰绰有余。

隋文帝即位后励精图治，勤俭节约，而独孤皇后也积极配合丈夫，做事识大体、懂分寸，平时穿戴饮食都很节俭。有一次，突厥与隋朝互市，交易物中有一些明珠，价值八百万钱，幽州总管请示独孤皇后，要不要为她买下来，她回答说："非我所须也。当今戎狄屡寇，将士罢劳，未若以八百万分赏有功者。"（《隋书》卷三六《后妃传》）这不是我需要的东西，还不如省下这笔钱，分赏给有功的将士们。大家听说之后无不感慨，纷纷向隋文帝道贺。有此贤后，国家幸事啊。

独孤皇后还经常用北周后宫失礼之事教训诸位公主，告诫她们要谨守妇道。每次听到大理寺要处决犯人，她都会伤心落泪。大都督崔长仁犯法当斩，但由于他是皇后表兄弟，所以隋文帝打算法外开恩，独孤氏坚决要求依法治罪，最终崔长仁被斩。但是，当事关一己之利的时候，独孤氏又往往有宽宏大度的表现。她的异母弟独孤陀与她有仇，用巫术诅咒皇后快死，按律当赐死，但是独孤氏却为此三日不食，而且说：

"陀若蠹政害民者,妾不敢言。今坐为妾身,敢请其命。"(《隋书》卷三六《后妃传》)假如他是贪赃枉法祸害政事、祸害百姓,那我绝不敢多言,但既然他只是想害我一人,那么还是宽恕他吧。于是独孤陀被罪减一等,除名为民。从这几件事来看,独孤氏似乎是一个恪守礼法的谦逊之人。

但是,独孤氏从本质上来说是个强势女人,并且秉承北朝妇持门户的风气,不可能甘心寂寞于后宫,很快,她就开始干预政事,而且愈到晚年程度愈加其深。隋文帝每次临朝,她都坐着辇随同,只是不进大殿,至阁而止,然后派宦官随时传递消息,将自己的意见转达给正在朝堂上听政的隋文帝。每次退朝,两人都相视一笑,然后一同宴饮欢乐。后来独孤氏越发强势,大有一种与皇帝平起平坐的架势,当时人将他们并称"二圣"。

到了晚年,独孤氏那种勤俭的作风也有所松弛。当时大臣杨素受命为皇帝兴建一座避暑宫殿,地点选在了今陕西省麟游县县城所在地,此处群山环抱,风景秀美,气候凉爽。杨素是个很会来事之人,将宫殿修得美轮美奂,富丽堂皇,甚至远远超过了长安城内的宫殿。由于工期紧迫,督工甚严,征发来的民夫死伤累累。宫殿落成,杨素请皇帝、皇后前来巡视,杨坚先到,看见如此壮丽的宫殿不禁勃然大怒,因为这违背了自己一向勤俭的原则,尤其是听说还死了很多民工,更加愤怒,要把杨素治罪。杨素心里十分恐慌,但是他的副手封德彝却劝他安心,预言说:"等皇后来了,形势就会转变。"果然,第二天皇帝态度大变,慰劳杨素说:"公知吾夫妇老,无以自娱乐,而盛饰此宫邪?"(《新唐书》卷一〇〇《封伦传》)还赏赐他很多财宝。杨素退下后问封德彝为何料事如神,封德彝回答说:"上节俭,故始见必怒。然雅听后言。后,妇人,惟侈丽是好。后悦,则帝安矣。"(《新唐书》卷一〇〇《封伦传》)看来封德彝已经抓住了此阶段内皇帝和皇后的秉性:首先,皇帝是听皇后的,皇后高兴了就万事大吉;其次,此时的独孤皇后已经变得好奢侈、重享受,所以看见这座壮丽宫殿一定会在皇帝面前说杨素的好话。封德彝的目光可谓敏锐。

杨坚是一个著名的怕老婆之人，对自己的妻子可谓言听计从。而且由于独孤氏管得严，以至于后宫虽然妃嫔满庭，但是却无人敢进御，这一点让杨坚觉得有点无可奈何。平时最多偷点"零食"，而且一旦被皇后发现就不得了。

有一次，隋文帝在仁寿宫里发现了一个宫女，亭亭玉立，美貌异常，不禁心动。此女乃尉迟迥的孙女。尉迟迥是北周重臣，当年杨坚要篡权，尉迟迥在相州举兵反抗，无奈兵败身死，而他的家眷们则被没入掖庭，此时他的孙女已经初长成，被杨坚一眼相中。

于是隋文帝偷偷摸摸将这个女孩带入寝殿，行鱼水之欢。没想到此事被皇后发觉。第二天早上，隋文帝去上早朝，而独孤氏竟然闯入寝殿，将尉迟氏当场处死。独孤氏的狠辣由此可见一斑。隋文帝退朝回来，还想找尉迟氏，却被人告知已被皇后所杀，隋文帝终于忍不住，多年的憋屈一下子爆发了，他喊着："吾贵为天子，而不得自由！"（《隋书》卷三六《后妃传》）然后骑着马冲出宫廷，出走了。古往今来，让皇后气得出走的皇帝就此一人，可谓空前绝后。

这下子群臣慌神了，仁寿宫位于群山之间，周围是荒郊野岭，皇帝单骑失踪，假如出个好歹，岂不让天下人惊死笑死？于是大家纷纷跨上马，分头寻找皇帝。找了很久，终于在距离宫殿二十余里外的山间找到了皇帝，大臣高颎上前劝说曰："陛下岂以一妇人而轻天下！"（《隋书》卷三六《后妃传》）这句话可以做两种理解：一是"一妇人"指的是尉迟氏，意思是死一个尉迟氏没什么大不了；二是"一妇人"指的是独孤皇后，意思是你为了她生气出走划不来。但是独孤皇后听了这句话可是做后一种理解的，由此开始憎恨高颎。

大家将皇帝簇拥着回到宫中，独孤皇后上前来流着眼泪请求原谅，高颎、杨素等大臣都在一旁劝解，皇帝这才稍稍平复。群臣连忙吩咐宫人置酒，夫妻二人算是把酒言欢。

但是，独孤氏并没有就此收敛，而是愈发积极干政，尤其严于男女之防，甚至把手都伸到了别人私生活领域内，每当听说诸王或者大臣的妾有身孕，则在皇帝面前百般劝告斥退此人。这其中就包括高颎，当时高颎夫人已死，而妾为他生了一个儿子，独孤氏想起他那句"一妇人"就恨得牙痒痒，没少在皇帝面前进谗言，最终导致高颎被免官。

她的这个特点很快就被人利用了，并且派上了极大的用场。

谁利用她呢？不是别人，正是她的亲生儿子晋王杨广。此时太子是杨勇。晋王杨广雄才大略，颇有才干，也颇有野心。而且隋文帝在平衡太子和其他皇子权势方面犯了大错误，他让太子镇守，而让其他皇子出外征战，这样其他皇子的功劳很快就盖过了太子，这样不均衡的状态势必会导致有野心者蠢蠢欲动（唐高祖李渊就是没有好好汲取这个教训才导致了玄武门事变）。

杨广就有这样的野心，他不甘心居于人下，尤其是在率军平定陈朝，统一天下之后，更觉得自己功高盖世，而自己的哥哥杨勇却坐享其成，内心逐渐不平衡，对太子之位产生了觊觎之心。而他思前想后，觉得要想办成如此大事，非要有内外双重援助不可。所谓外援也就是外朝大臣们，杨广看中了杨素。杨素是个颇有心计才干又无道德底线之人，做这种事最合适。另外还有杨素的兄弟杨约、宇文述、张衡等亲附于杨广。他们要谋划废黜杨勇，拥立杨广。

杨约历来多心计，他对杨素分析说："今皇后之言，上无不用，宜因机会早自结托，则长保荣禄，传祚子孙。兄若迟疑，一旦有变，令太子用事，恐祸至无日矣！"（《资治通鉴》卷一七九《隋纪三》）他认为，杨家在政坛摸爬滚打这么多年，建立了很多功勋，也得罪了不少人，他日假如形势有变，则杨家危在旦夕，尤其不可让太子杨勇顺利继位。假如废杨勇而立杨广，则杨家有了拥戴之功，可长保荣华富贵。而怎么做成如此大事呢？他指出了捷径——利用独孤皇后。因为只要独孤氏说话，皇帝没有不听的。

要说利用独孤皇后还真是有可能的，为什么呢？因为此时独孤皇后正对杨勇不满。杨勇是个缺少心计的人，原本隋文帝为了锻炼他，多让其参与谋事，所以他的决断能力尚可，但就是免不了好奢侈之陋习。有一次，杨勇装饰蜀铠，蜀铠为蜀地工匠制作，原本就极精美，他又在其上加以装饰，隋文帝得知后颇生厌恶。还有一次冬至，百官去太子东宫拜贺，杨勇盛陈仪仗音乐受拜，隋文帝大为不满，因为这颇有点与皇帝分庭抗礼的感觉。

杨勇这样做，倒未必真的是有什么野心，他就是个大大咧咧不拘小节之人，这种性格做个普通百姓倒也罢了，放到险恶的政坛上只有吃大亏的份，更何况此时已经有人在盯着他的宝座。杨勇大大咧咧的性格也体现在他的私生活方面，而且他触犯了母亲最大的忌讳——宠爱侧室。当年选太子妃，独孤皇后亲自选定元氏，元氏是北魏宗室女，出身高贵，有妇德，但是没想到太子不喜欢元氏，却喜爱云氏。新婚才数日，元氏去世，怎么死的也成了一桩无头案，独孤皇后早有不满，甚至怀疑是太子和云氏下毒。要知道，独孤皇后一生最忌讳的就是男人好色，尤其是爱妾不爱妻，而杨勇无意中触犯了这个忌讳。

与此同时，杨广却很会伪装自己，他平时总是和正妻萧氏同进出，其他姬妾一旦有孕都不让生下来，独孤皇后特别欣赏这一点。尤其是独孤皇后陪同皇帝来晋王府做客的时候，杨广将家中美色姬妾都藏起来，唯留老丑者，衣服也很朴素，乐器置于一旁，弦已断，上面满是灰尘，以示自己不好声色犬马之道。所以独孤氏也就越发喜欢这个儿子。这样两相对比，此长彼消，独孤氏心中两个儿子的分量已经失衡，而她的这种心态势必会影响到皇帝本人。

杨素想试探皇后的意思，一次侍宴时貌似漫不经心地说晋王杨广为人严正勤俭，有类至尊。独孤皇后听了后流着泪说："公言是也！吾儿大孝爱，每闻至尊及我遣内使到，必迎于境首；言及违离，未尝不泣。

又其新妇亦大可怜,我使婢去,常与之同寝共食。岂若睍地伐与阿云对坐,终日酣宴,昵近小人,疑阻骨肉!"(《资治通鉴》卷一七九《隋纪三》)睍地伐即杨勇的小名,换句话说独孤氏已经毫不掩饰对晋王夫妻的喜爱,也不掩饰对太子和云昭训的厌恶。杨素吃了一颗定心丸,趁机建议废立,独孤皇后大喜,让杨素多做做皇帝的工作。

杨广也没闲着,不断给杨勇泼脏水,在母亲面前进谗言,甚至扬言太子要谋杀自己。独孤氏越发恼怒,撺掇着皇帝废太子,立杨广。

一直到形势已经发展到不可收拾的地步,杨勇才意识到自己已经陷于极端不利的境地,他计无所出,竟然找人行厌胜之术,而且在后院修造了一个庶人村,自己穿得破破烂烂,在草席上起居,欲以此挡住煞气。皇帝听说了,知道杨勇不安,于是派杨素去探望太子,看看虚实。杨素到了太子东宫,故意长时间不进门,太子原本毕恭毕敬等待杨素到来,却久等不至,不禁有些恼怒,杨素回来向皇帝报告说:"勇怨望,恐有他变,愿深防察!"(《资治通鉴》卷一七九《隋纪三》)皇帝越发恼怒,而且杨素等人还在太子身边收买耳目,太子有些许微过都放大了说给皇帝听。在这些人的共同诋毁之下,杨勇的太子之位逐渐不保。

皇帝甚至在朝堂之上大言不安,意即挑起话头,希望群臣指摘太子过错。杨素揭发说太子对皇帝委派他追查叛党不满,认为叛党已经伏诛,给自己这个不可能完成的任务是刁难自己,还称太子说:"昔大事不遂,我先被诛,今作天子,竟乃令我不如诸弟,一事以上,不得自遂!"(《资治通鉴》卷一七九《隋纪三》)意思即当年周宣帝病危,杨坚入宫秉政,假如不成,我杨勇第一个完蛋,现在父亲是天子,竟然让我地位还不如诸位弟弟,没有什么事让我称心的。我高度怀疑这段话是杨素瞎编的,太子再愚钝,也不会看不出杨素是对立面杨广的人,如此抱怨之话怎么可能当着杨素或杨素同党的面说出来呢?但是此时皇帝执意要构成其罪,太子已是百口莫辩。

东宫臣姬威也出来举报太子，称太子说自己以后当皇帝，当杀死敢于劝谏者，杀不足百人就可以喝止他人，还说太子曾找人算命，算出皇帝大限快到了。凡此种种，不一而足。最终的结果就是皇帝表态，指责太子怨望，且多有不孝之举，甚至有谋反的野心，让自己每次回到京城都感觉行走于敌国之中。虽然有不少大臣劝皇帝慎行废立，但皇帝最终还是拍板决定，废太子杨勇，改立杨广为太子。

杨勇被废之后，一度曾爬上高树向宫内呼冤，但事已至此，谁也无法扭转，皇帝决心如此坚决，自然和独孤皇后的指使密不可分。独孤皇后对自己夫君的掌控最终就这样影响了国家的命运。要说隋炀帝杨广其人，并非碌碌无为之辈，而是一个有着很高才华和雄才大略之人，并且治国时常有许多颇具前瞻性的战略举措，例如开凿大运河、兴建新洛阳城以适应经济重心之南移、打破关陇集团狭隘地域观念等，都能见当时人所未见。他在位期间隋朝国力达到巅峰，各项经济指标甚至让唐朝望尘莫及，一直到唐玄宗开元、天宝时期才算再度超越。但是其人好大喜功，刚愎自用，而且嫉贤妒能，还经常有不切实际的举措。他的那些战略性举措往往同时进行，造成民力疲敝，尤其是三伐高丽，更是以赌徒心理浪掷国家命运，最终导致大隋王朝盛极而亡，这一点恐怕是九泉之下的独孤氏始料未及的。

仁寿二年（602年）八月甲子，独孤后崩于永安宫，时年五十九岁，葬于太陵。一代名后就此谢幕。但是她的印记是那样鲜明，以至于死后仍常常被人提起。最终甚至使老皇帝杨坚喊出了"独孤误我"的悲愤之言。

独孤氏之死让杨坚异常悲痛，这一点自不待言。但是同时也让杨坚获得了自由，他被皇后管了一辈子，处处身不由己。这时皇后已死，杨坚又有了新欢，宣华夫人陈氏、容华夫人蔡氏均受宠，他终日沉溺于酒色，不久健康就每况愈下，他颇有些感悟，谓侍者曰："使皇后在，吾不及此。"（《隋书》卷三六《后妃传》）所以说，有时女人对丈夫的"管"看起来有些严厉，实际上是对丈夫的一种保护，是身体的保护，有时也是名誉的保护。多数情况下，男人应该享受这种"管"才是。杨坚就意识到了这一点。

但是这还没完，没过多久，他就又强烈感受到了独孤氏对自己的影响，这个比健康问题还要来得严重。

当时在仁寿宫，皇帝病危。皇太子杨广入住宫中，伺候医药。尚书左仆射杨素陪同。杨广见皇帝病重，颇为喜悦，自己终于有出头之日了。他手写一封信，询问杨素，假如皇帝去世，自己该做些什么。杨素手写一封答书，交给宫女呈送太子。没想到这个宫女很糊涂，竟然把信送给了病榻上的老皇帝，皇帝看了勃然大怒：你们在等我死吗？就在此时，另一件事情发生了，宣华夫人陈氏出外更衣，遭到了太子的调戏非礼，使劲挣脱跑回老皇帝处，仍然气色不平，皇帝察觉有异，一再追问，陈夫人说："太子无礼！"老皇帝勃然大怒，拍着寝床喊出了这样一句话："畜生何足付大事！独孤误我！"（《资治通鉴》卷一八〇《隋纪四》）

直到此时，隋文帝才意识到杨广的隐藏之深，才意识到此人品德不足以托付天下，而眼前这一切他认为都是独孤氏的所作所为造成的，所以喊出了这句"独孤误我"。紧接着他就召唤兵部尚书柳述、黄门侍郎元岩等，要起草诏书，废杨广，重新立杨勇。而杨素得知消息后立即行动起来，首先发兵逮捕了柳述、元岩，又将皇帝寝殿卫士尽数遣散，发东宫卫士代替。然后赶跑了皇帝身边所有宫女、后妃、宦官，派遣右庶子张衡入寝殿侍疾。不一会儿，张衡走出来宣布，皇帝驾崩。

杨坚就这么不明不白地死了。他临死之前，还在怨恨着独孤氏对他的误导，还在切齿痛骂杨广的不仁不孝。但是这一切与他本人岂能脱得了干系？独孤氏从十四岁开始就和他相伴，自己势力的壮大、夺取天下都有独孤氏的功劳，治国理政也有独孤氏的贡献，甚至他的私生活也被独孤氏打理得井井有条。但是，独孤氏的过分强势导致她的一己之爱憎影响了立储这样重大问题的抉择，这个女人对感情、男女问题的看重延伸到了政治领域，冲淡了储君选择过程中对才干、品德、虚实的考察，影响了皇帝本人的决策。当然，假如杨坚能多一些主见，能够不那么惧内，也许情况也不至于如此。当大隋王朝二世而亡烟消云散的时候，不知九泉之下的独孤氏又做何感想？

第二讲　执拗淡然——杨丽华

中国历史上曾有一位经历奇特的女性，她由皇后到皇太后，又由皇太后变为公主，家国变换目不暇接，而她却始终淡然处之。一般世间所认为的"好"与"坏"，在她这里都变成了流云。她虽注定不是主角，却是时代的注脚。

她就是杨丽华，隋文帝杨坚和皇后独孤氏的长女。

杨家和独孤家都是关陇贵族集团核心成员。杨丽华很早就被周武帝选中，许配给太子宇文赟为太子妃。周武帝英年早逝之后，宇文赟即位，随即封杨丽华为皇后。

杨丽华这个人奇特就奇特在其性格上，她始终有一种超然物外的洒脱和镇静，无论是丈夫还是父母都无法使其改变。这种性格决定了她不可能像自己的母亲一样去积极干政，但却让她有了一个别样的人生。

一、荒唐夫君

她的丈夫周宣帝宇文赟是中国历史上著名的荒唐皇帝。与杨丽华的性格相反，宇文赟从小顽梗，但是非常害怕其父周武帝。周武帝以雄才大略著称，整顿内政、讨灭北齐、毁佛限僧，颇有功业，但是其人性格有急躁的一面，尤其是在家庭教育方面，经常采用简单粗暴的方式。宇文赟好酒，周武帝听说后就下令：任何人不许带酒入东宫。而且，经常因为小事就责骂宇文赟，甚至不惜动用棍棒，边打还边骂：你以为只有你可以立为太子？我难道不能立其余皇子？

一味地严厉没有把太子锻炼成英才，反倒使他学会了伪装，还养成了暴戾荒唐的性格，只是在周武帝在世期间不敢表露出来而已。

公元578年六月周武帝驾崩，留下了一个富强稳定的国家，此时北齐已经被灭，统一南方也只是时间问题。但周武帝盛年暴毙，带来了形势的急转直下。第二天宇文赟在灵柩前即位，史称周宣帝。周武帝的死对他来说是极大的幸事，这下子他终于可以毫无羁绊肆意妄为了。

刚开始周宣帝还像个皇帝样，派遣大使巡游各州，颁布九条律令，强调依法行事，访求人才，表彰孝子孝妇，赈济鳏寡孤独。但是好景不长，总共只维持了几个月，很快他就原形毕露，终日高歌宴饮，游戏后宫，不理朝政。他将先皇的后宫检阅完毕，选择美色者留在身边，又四处搜寻民间美色，充斥后宫，人数上万。他生活奢靡，金玉宝珠充斥后庭，宫室之壮丽远超汉魏。他终日沉溺于酒色，有时在后宫耽延十余日不出，连宰相也见不到他的面。他还特别厌恶别人劝谏，有劝谏者往往加以惩罚。人们逐渐失望。

而且此人还特别记仇。大臣王轨功高，曾参与诛杀宇文护等行动，甚受周武帝信赖。王轨很早就发现宇文赟不堪重任。在宇文赟挂帅征讨吐谷浑的战役中，王轨作为其副手起到了主脑的作用，宇文赟实际上就是听从其建议而已。而且在这个过程中，王轨记下了宇文赟许多失态、失德的举措，并向周武帝做了汇报。周武帝如何反应呢？当然是按照惯常的做法，痛打一顿了事，而且这一顿打在宇文赟的腿上留下了疤痕，宇文赟每每看到都恨得咬牙切齿。

王轨曾在另一大臣贺若弼面前谈起太子的种种不堪，贺若弼建议可以对周武帝进行旁敲侧击。王轨竟然直接就对周武帝建议废太子，而且还说贺若弼和自己意见一致。武帝召来贺若弼询问，贺若弼矢口否认。王轨退下后责怪贺言行不一，贺回答说："此公之过也。皇太子国之储副，岂易为言，事有差跌，便至灭门之祸。本谓公密陈臧否，何得遂至昌言？"（《北史》卷六二《王轨传》）意思是储君问题事关重大，必须循序渐进，否则会招来杀身之祸，本建议你秘奏皇帝，你怎么突然直接就当众提出了？王轨沉默了一下，回答说："吾专心国家，遂不存私计。向者对众，良实非宜。"（《北史》卷六二《王轨传》）我完全是为了国家社稷考虑，不存私计，当然我当着众人的面贸然提出，的确不妥。

不过王轨一直没有放弃努力，有一次宴会上，趁着酒劲，他还用手捋武帝的胡须，说："可爱好老公，但恨后嗣弱耳。"（《北史》卷六二《王轨传》）武帝也认同他对太子的看法。那么平时行事果决的周武帝，为何没有立即行废立之事呢？原因很简单——时机尚不到。当时周武帝年龄也不大，儿子们自然更小，除了太子外，只有汉王稍长，但是汉王其人更加不堪，只好等其余皇子长大一些再说吧。周武帝此时可未曾预料到自己会英年早逝。

当他去世、宇文赟即位之时，宇文赟要干的第一件事就是报复王轨，他指着自己的腿说："我脚杖痕，谁所为也？"（《资治通鉴》卷一七三《陈纪七》）周围人会意，立即着手诛杀王轨。

王轨早预料到自己的结局，他本可以投降南朝，但是却选择静静等死，以免有损自己一生的名誉。他的死对于朝臣们来说是个信号：新君是个睚眦必报之人。

除了这些昏君的"标配"行为之外，宇文赟还有一层特别的——甚至令人怀疑他的精神本身是有问题的——他常有一些匪夷所思的行为举止，令人咂舌。例如出巡洛阳的时候，他跨马扬鞭疾驰而去，皇后、百官、侍卫为了追赶他狼狈不堪，甚至"人马顿仆相属"（《周书》卷七《宣帝纪》）。按照规定，古代皇帝出行一般一天只走三十里至五十里，讲究的是端庄从容，没想到这位皇帝却是个"暴走族"。

他吃饭的时候，使用的是祭祀用的礼器镈彝珪瓒之属。这是把自己当作血食之对象吗？又筑造一座高台，自己在上面居住。百官前来奏事，必须斋戒沐浴，数日方得上，让人简直分不清这是奏事还是上坟。自己冠上加装金蝉，就不许百官佩戴。又见不得别人使用"高""大""上"等字，姓高的逼迫改为姜，庶民高祖者改为长祖，曾祖为次长祖，官名凡有"大"字及"上"字者皆改为"长"字。

他还有些举措令人丈二和尚摸不着头脑，例如命令天下弃用辐条车轮，改用浑木车轮。本身好色，又不许天下女性施粉黛（后宫除外），也许是觉得看素颜更容易选择美女？嗜杀残酷，大搞特务政治，密令手下侦察百官举止，稍有过犯就加以惩处。还设置杖刑，经常杖打百官和嫔妃，名曰天杖，以一百二十下为一个单位。

当了皇帝没几天，他又突发奇想，禅位于自己的儿子宇文衍（后改名为阐），自己当太上皇，而且继续掌握大权。此人行为就是如此怪异任性。

杨丽华作为他的原配，日子当然不会好过。她原是正宗太子妃，丈夫当皇帝后自然是皇后，但是没想到神经质的宇文赟竟然一口气设置了五位皇后。先是册立天元皇后杨丽华为天元大皇后，又册立朱氏为天大皇后，元氏为天右大皇后，陈氏为天左大皇后。

又有尉迟氏，是西阳公宇文温之妻，有姿色，被周宣帝看中，逼令饮酒，然后强暴之。宇文温及其父杞国公宇文亮由此反，被杀。宇文温刚死，周宣帝就迫不及待将尉迟氏接入宫中，又立为皇后。

于是，中国历史上罕见的一幕发生了：同时有五位皇后。完全违背纲常礼法。对于作为正宫皇后的杨丽华来说，这不仅仅是分庭抗礼，而且是对她原配地位的藐视，可谓奇耻大辱。但是杨丽华的表现却令人称道，"后性柔婉，不妒忌，四皇后及嫔御等咸爱而仰之"（《北史》卷一四《后妃传下》）。也就是说整个后宫包括其他四位皇后都对她十分敬爱。这一点真是难得。

宇文赟虽然荒唐，但也不是全无智商之人。他看出自己的岳丈杨坚不是一个凡人，认为其相貌、气质独特，而且深孚众望，更重要的一点是他是大将军杨忠之后，属于上层核心集团成员，足以对皇权构成威胁，所以总是想通过虐待杨丽华给杨坚一点厉害瞅瞅。

有一次，他与杨丽华拌嘴。宇文赟脾气暴躁，一点就着。而杨丽华却是一副岿然不动、淡定自如的模样，任凭你怎么疾风暴雨，杨丽华就是不为所动，但也绝不服软，宇文赟恼火得不得了，即令杨皇后自尽。

这个消息传到了杨府，杨府上下一片恐慌，最后还是杨丽华的母亲独孤氏连夜进宫，叩拜女婿，磕头至流血，这才让宇文赟怒气稍消，杨丽华逃得一命。对宇文赟来说，杨坚无明显的过犯，算得上是小心翼翼，要杀他毫无理由。而杨丽华呢？处罚她只是为了震慑杨家而已，独孤氏卑躬屈膝的样子让宇文赟很满意，觉得达到了目的。但是事后他还曾威胁杨丽华，称有朝一日必诛灭杨家。杨丽华做何反应史料没有记载，但估计还是一副沉静如水的样子。

很快，周宣帝病危。这一年他才二十二岁，但早已经被酒色毁掉了健康，本来兴致勃勃出巡，很快就因病返回，并很快进入弥留状态。杨坚在刘昉、郑译等人的帮助下，以外戚身份入主宫廷，不久就逼迫周静帝禅让，自己当了皇帝，建立了隋朝。

二、太后变公主

自己的父亲当皇帝，杨丽华应该欣喜异常吧？不，恰恰相反，她十分震怒，认为这是篡位之举。

杨丽华不是周静帝的生母，静帝生母乃天大皇后朱氏，但是作为正宫皇后，杨丽华毫无疑问要负母后的主要职责。宣帝暴病，然后又迅速去世，这一场变故让杨丽华一时之间也没了分寸，当听说刘昉、郑译等人请父亲入宫秉持大政的时候，她十分高兴。北周的政治格局是皇权并不独大，而是由各个权贵家族共同支持，皇帝年幼，此时正是政治真空时期，一旦有人乘虚而入，于国于己都极端不利，所以听说父亲入宫秉政，她觉得放心了，"后初虽不预谋，然以嗣主幼冲，恐权在他族，不利于己，闻昉、译已行此诏，心甚悦"（《北史》卷一四《后妃传下》）。但这只是她初期的反应。

估计按照杨丽华的设想，应该是父亲摄政，辅佐静帝，等其年长交还大政。但是没想到父亲却更进一步，开始了代周的准备，此时对于杨丽华来说，必须选择了——站在娘家一边还是站在夫家一边。

按理说周宣帝如此荒淫无道，堪称人渣，死不足惜，杨丽华应该全力支持娘家才是，但是没想到，杨丽华站到了行将就木的北周一边，"后知隋文有异图，意颇不平。及行禅代，愤惋愈甚。隋文内甚愧之"（《北史》卷一四《后妃传下》）。当她得知父亲的真实意图后，变得十分恼怒，以至于父亲看见她都有愧色。

这就让我们不禁要问一句——为什么？

北朝隋唐时期，妇女地位相比其他朝代为高，这一点是常识，毋庸置疑。但是这个"高"也只是相对而言，它毕竟还是男权社会下的"高"，因此女性恪守三从四德的风气也很浓厚，尤其是当时的贵族，乐于矜夸门风礼法，而其所谓门风，核心内容就是对子女进行正统儒家价值观教育，因此女子恪守妇道以当时主流思想来看是天经地义的。杨氏一门出自弘农，作为汉代以来有名的大家族，对女儿的教育一定也是照此而行的。杨丽华的母亲独孤氏虽然是鲜卑族，但是却特别严于嫡庶之分、男女之防，在这样的环境里长大的杨丽华，焉能不遵从三从四德？按照正统思想，女性只要出嫁就是夫家之人，法理、道义方面自然要站在夫家立场上。再加上杨丽华本人性格执拗是出了名的，所以她为亡夫考虑也就毫不奇怪了。

隋朝建立了，杨丽华由皇太后变为乐平公主。这种太子妃—皇后—皇太后—公主的人生经历在中国历史上恐怕是独一无二的。耐人寻味的是，杨丽华被册立为公主的时间是开皇六年（586年），开国六年后才封为公主，那么此前她在做什么？有何名号？史料缺乏，无从查考，但是想来杨丽华大概是经历了六七年的时间才算默认了父亲的登基称帝。其执拗可见一斑。

而且有意思的是，隋朝建国时杨丽华不过二十岁上下，还很年轻，所以隋文帝和独孤后还曾经想让女儿再嫁，但是没想到遭到了杨丽华的激烈反对。那时寡妇再嫁并非罕见，但立志守寡、从一而终的也大有人在，例如《南史》卷七四《孝义传下》记载梁代人卫敬瑜之妻在丈夫死后拒绝再嫁，"截耳置盘中为誓"。《隋书》卷八〇《列女传》记载郑善果母年轻守寡，为了表示从一而终的决心而宣称"割耳截发以明素心"。既然杨丽华对北周王朝念念不忘，那么对于亡夫自然也有坚守之志，于是就出现了这样一个令人无奈的现象：杨丽华明知亡夫昏聩暴虐，却坚守其家国，矢志不渝，她所持守的，除儒家道德观之外恐怕也别无他物。

周宣帝和杨丽华生有一女，名娥英。杨丽华对女儿呵护有加。等女儿到了婚配年龄，杨丽华着手选择女婿。有性格的人选女婿也别具一格，她把当时的公卿子弟都集中到一起自己亲自挑，每天过眼的多达百人，还亲自考试这些青年男性的才艺，选不中的立即请出场。最终，她替女儿看上了广宗公李敏，小伙子有才华，相貌堂堂，公主很满意。

杨丽华决心为这个女婿求个高官。李敏还有些犹豫,杨丽华来了这么一句:"我以四海与至尊,唯一女夫,当为汝求柱国。若授余官,汝慎无谢。"(《隋书》卷三七《李穆传》)我把天下都让给当今圣上了,现在就这么一个女婿,我要为你求个柱国将军当,如果皇帝赐你别的官,你可千万别答应。

这番话有如下几点值得注意:首先,杨丽华还是念念不忘当年父亲夺位之恨,觉得自己身为皇太后把江山丢给了父亲;其次,她为女婿要官,而且理直气壮,说明她拿捏住了父亲的心理——父亲对自己有愧疚感,所以会答应自己。

宴会上其乐融融,隋文帝亲自弹奏琵琶,杨丽华则赶紧抓住机会让李敏上去伴舞,李敏舞姿健美优雅,隋文帝很高兴,问杨丽华:"李敏何官?"

公主回答:"一白丁耳。"公主这话有些夸张,李敏袭爵广宗公,又在左千牛卫任职,怎么也不算个白丁,公主的意思是那就不算官。

隋文帝于是转头对李敏说:"今授汝仪同。"李敏按照公主事先安排,一声不吭,更别提拜谢了。

隋文帝曰:"不满尔意邪?今授汝开府。"李敏依旧不吭声。

隋文帝的确对公主怀有愧疚,于是一不做二不休,干脆一步到位吧:"公主有大功于我,我何得向其女婿而惜官乎!今授卿柱国。"这一句"公主有大功于我"是隋文帝愧疚心理的典型体现。正是这种心理使得隋文帝决心超规格提拔李敏。

于是公主得偿所愿,李敏赶紧站起来舞蹈拜谢。

从这次要官的事件里可以充分感受到隋文帝、杨丽华父女不同的心态。

随着年龄的增长,杨丽华的心态似乎也在发生变化,那种超然物外的洒脱似乎正在向现实主义转变。隋炀帝时期,炀帝曾经一度宠爱儿子齐王暕,大有立其为太子的可能。《隋书》卷五九《炀三子传》记载:

"乐平公主及诸戚属竞来致礼,百官称谒,填咽道路。"也就是说杨丽华曾巴结齐王暕。后来杨丽华发现有柳氏女甚美,于是想献给隋炀帝,她大约是知道这位兄弟好色,投其所好。但是隋炀帝可能是忙于其他事务,没有回音,于是杨丽华又将柳氏女献给了齐王暕。过了些天隋炀帝问起柳氏女下落,杨丽华回答"在齐王所",炀帝听了大为不悦。这也是后来齐王暕失势的原因之一。

杨丽华也曾经发挥自己的影响力救人。蜀王秀是隋炀帝兄弟,颇为隋炀帝所忌惮,隋炀帝屡次找机会要杀他,都仰赖杨丽华的劝说才得解救。

大业五年(609年)夏,炀帝亲自率领百官、嫔妃西巡青藏高原、河西走廊,而杨丽华也随行。这一次旅程十分艰难,甚至在今青、甘交界的大斗拔谷还曾遭遇重大险情,天降霖雨,史书记载说"风霰晦冥,与从官相失,士卒冻死者大半"(《隋书》卷三《炀帝纪上》)。大斗拔谷虽冷,但夏天也不至于冻死大半将士,所以估计真正的元凶可能是高海拔,是高原反应造成了这场惨剧。

乐平公主杨丽华就是死在这次出巡中。临死前杨丽华向隋炀帝托孤:"妾无子息,唯有一女。不自忧死,但深怜之。今汤沐邑,乞回与敏。"(《隋书》卷三七《李穆传》)也就是把自己的封地转让给女婿李敏,炀帝答应了。

杨丽华就此闭上了双眼,享年四十九岁。炀帝下令将其祔葬于宇文赟定陵。

时光荏苒,千年流逝。20世纪60年代在陕西省西安市玉祥门外一处基建工地发现一座长方形竖井土坑墓,其中发现了一具完整、精美的石椁。打开石椁,内有雕刻精美的仿殿堂石棺一具。长1.92米,宽0.89米,高1.22米。棺盖由整块石头雕刻而成,其余部分由六块大石块拼为一体,中间开门,两侧开窗,斗拱、门窗、瓦当栩栩如生,并有青龙、朱雀、侍从等线刻图案,是一座歇山式建筑。

这座墓葬位于隋唐长安城内，按理说城内极少有墓葬，但这里稍特殊，是隋代万善尼寺所在，这座尼寺常接待皇室妇女礼佛，因此有嫔妃、公主死后葬于此。根据墓志记载，这座墓葬的主人名叫李静训，字小孩，是杨丽华的外孙女，李敏第四女。从墓志的记载来看，李静训自幼深受外祖母杨丽华的溺爱，一直在宫中由杨丽华亲自抚养，她去世时只有九岁，于大业四年（608年）终于山西汾阳宫，此地是隋炀帝的行宫，估计是杨丽华带着她陪同皇帝出游，结果不幸去世。

李静训石棺（敬泽昊摄）

墓葬内随葬品丰富精美，26平方米的墓室内出土随葬品二百三十余件，有金、玉、琉璃、骨、铁、陶、木、漆器以及丝织品，其中嵌珠宝的金项链、金镯带有波斯风格，琉璃瓶和内中香水也来自域外。可以说此墓规格之高远超出当时一般儿童墓葬，由此可见杨丽华对这个外孙女之死的惋惜伤痛。

杨丽华的个性在外孙女的墓葬中也有体现，石椁及石棺瓦当上刻有

"开者必死"四个字,用来恐吓、诅咒盗墓者。这样的诅咒极少出现在那时的墓葬中,算不上是流行葬俗,因此很可能是丧葬主持者杨丽华令人篆刻上去的。

李静训金手镯(敬泽昊摄)

李静训金项链

另外,墓志也是杨丽华令人制作的,其中杨丽华的称谓也令人玩味,她自称"周皇太后"。此时隋朝开国已经多年,距离杨丽华本人去世只剩下一年时间,她真正的称号应该是"乐平长公主",但是她却选择了自己最认同的身份——北周皇太后。看来她的亡国之怨始终萦绕于怀,不能释然。

晚年的杨丽华看起来已经有些世故贪利,只看史书,人们会以为岁月已经磨平了她的棱角,但是这位有个性的女子却用最有个性的手段在一千多年以后顽强地再度出现在人们视野里,执拗地告诉你:我什么都没有忘记,我就是我。

第三讲　后宫典范——长孙皇后

唐代是一个令人神往的时代，是一个充满魅力的时代。说实话，它的经济不是中国历史的最高峰，文学艺术方面也没有做到一枝独秀，那么为何有那么多人对它心向往之？也许，主要因为那是一个意气风发的时代，一个开放包容的时代，一个充满活力的时代。不但男人们纵横捭阖，女人们也同样多姿多彩，在历史上留下一个个浓墨重彩的故事。下面要讲一讲唐代一些著名女性，让我们通过她们的事迹来把握唐代的历史脉络。

一、患难夫妻

这一讲我们谈谈长孙皇后。

贞观十年（636年）以后，唐太宗身边的人发现，这位叱咤风云的君主变得十分惆怅。他经常陷入沉思,而且还在禁苑中修筑了一座高台,时常登高北望,有时竟无语凝噎。

是谁,又是什么事让这位从战场上摸爬滚打出来的千古一帝如此儿女情长?原来,唐太宗在遥望昭陵,那座渭水以北的高山,已被定为他未来的陵寝。但此时太宗尚健朗,那么他频频遥望昭陵究竟是为了谁呢?为的是已经故去的爱妻,那个曾经辅弼他二十多年,以贤德著称的长孙皇后。贞观十年,长孙皇后去世,太宗无比悲痛,他命人在九嵕山南麓开凿了一间石室,用来临时停放长孙皇后的灵柩,古人称此为安厝。

长孙皇后临时墓穴内部　　长孙皇后临时墓穴外观(申威隆摄)

上图是考古工作者发现的长孙皇后的临时墓穴,依稀可以看到墓室内壁画的痕迹,以及墓室外观与墓室周边环境,可以看到它位于高山上。

墓室已经空空如也,那么,长孙皇后的灵柩去哪里了?原来,太宗去世后,按照他的遗嘱,长孙皇后的灵柩被迁葬到了昭陵正式的地宫中,与他安葬在了一起,所以这个临时的墓室就被废弃了。从长孙氏去世到太宗临终这十多年里,太宗念念不忘的就是自己的这位爱妻。想来死亡对于太宗来说可能也不是件多么痛苦的事情,毕竟他可以见到思念已久的爱妻了。

这对夫妻,是中国帝王史上少见的恩爱夫妻。

思念长孙皇后的不止唐太宗一个人，全天下都在怀念这个三十多岁就去世的女人。当时的人对唐太宗本人的评价还褒贬不一，但对长孙皇后却都是一致的赞扬，由此可见一斑。后世的史官用八个字来称颂长孙皇后："贤哉长孙，母仪何伟！"（《旧唐书》卷五二《后妃传下》）这是一位真正堪称"母仪天下"的人物。

太宗为何如此爱她？她身上又究竟有哪些美德，让天下人念念不忘？估计原因有如下几点：

第一，少年夫妻，感情牢固。

长孙皇后嫁给李世民的时候，只有十三岁。这搁到现在才是初中生的年龄，但那时人们普遍早婚，唐代墓志里还记载过十二岁结婚的，所以这不算最小的。李世民比长孙氏大三岁左右，按照现在的标准来说，他也只是个少年。这对少年夫妻有事一起干，可谓相濡以沫。虽然李世民算是个"官二代"，但当时的他还是个默默无闻的小人物，所以这对白手起家的夫妻，感情就比那飞黄腾达之后结婚的要稳固。

第二，双方家族和睦，利于婚姻巩固。

李世民的身世无须多言，很多人都知道，他是西魏时期八柱国大将军之一李虎的后代，根正苗红的关陇集团核心成员。他的父亲李渊算得上是皇亲国戚，大约就在李世民和长孙氏结婚的同时，被隋炀帝委任为太原留守。不久也就在那里，他举起义旗，创建了大唐王朝。

像李家这样的家庭，在那个讲究门当户对的时代里，选择儿媳妇一定不会马虎，所以长孙家族也绝非泛泛之辈。

长孙家族曾是北魏高官，鲜卑人。大家知道，李世民家也有鲜卑血统。长孙家族在长孙氏五世祖时随北魏孝文帝迁居到了洛阳，当时孝文帝一纸令下，实行汉化改革，所有代北贵族统一改为中原籍贯，所以长孙氏的籍贯就改成洛阳了，这也就是有的史料里称长孙皇后为洛阳人的原因。但是因为其出生地是长安，所以有的史料又说她是长安人。这都不算错。

长孙氏的父亲叫长孙晟，是一位响当当的大人物，青少年时就以勇武善战而著称。北周时，长孙晟作为北周使者出使突厥，突厥当时多强大啊，咄咄逼人，所以长孙晟可谓重任在肩，一举一动都关乎国家荣辱。一日，突厥可汗带着长孙晟去打猎，看见天上有两只大雕正在争夺一块肉。可汗问长孙晟：能把大雕射下来吗？长孙晟胸有成竹：没问题！可汗给了他两支箭，长孙晟一笑：用不着！他只取了一支，张弓搭箭，"嗖"一声射过去，两只大雕被同时射穿掉了下来，突厥人对长孙晟是佩服不已。这就是成语"一箭双雕"的由来。后来隋文帝在平定突厥的过程中，长孙晟出谋划策，甚至亲自披挂上阵，可谓居功至伟。

长孙家和李家应该是世交，据说长孙氏能和李世民结合，主要是长孙晟的哥哥长孙炽的主意。长孙炽是北周通道馆学士，他之所以主张长孙家和李家联姻，主要是看中了李世民的母亲窦氏的品德。窦氏是北周武帝宇文邕的外甥女，很懂礼法，当时有突厥公主和亲嫁给了周武帝，但是周武帝并不爱她，窦氏觉得不妥，劝说舅舅以大局为重，还是多宠爱突厥公主，暂时不要得罪突厥。这事儿传出去，大家都觉得这小女子很有思想，见识不凡。于是长孙炽就对自己的兄弟长孙晟说：这女子不一般，以后生下来的子女一定不是凡人，你该和她家联姻。

怪不得长孙氏和李世民那么小的年龄就结婚了，敢情是双方家长早都定好了，甚至早在窦氏嫁人之前，长孙家就已经下定决心了。刚好，后来是我有女儿，你有儿子，所以孩子们一到可以结婚的最低年龄就成婚了。

长孙无忌是长孙氏的哥哥，在妹妹嫁给李世民之前，他和李世民就已经是朋友了。此时正是隋炀帝大业后期，随着伐高丽失败，隋朝已经陷入动乱之中，形势很微妙。这两人之间的关系成为未来影响历史的要素，在建立唐朝的战争中，长孙无忌跟随李世民立了不小的功劳。长孙家、李家门当户对，又是世交，在那个年代里，这是夫妻关系稳固的重要基石。

第三，长孙氏素质高，知书达理。

长孙氏小名观音婢，这个名字说明长孙家信仰佛教。长孙氏的大名没留下来，这个也不奇怪，在那个男权社会里，妇女即便有大名一般也不用，连武则天这样天字一号的女性都没留下本名，很正常。

长孙氏从小有良好的家教，史籍记载说："少好读书，造次必循礼则。"（《旧唐书》卷五一《后妃传上》）这是非常重要的一句话，"造次必循礼则"是长孙氏一生的写照，她一生都在遵循儒家的道德规范，所作所为都不离"礼"。礼是儒家修身齐家、治国平天下的利器，长孙氏的所作所为无愧于"母仪天下"四个字。需要注意的是，作为少数民族的后裔，长孙氏自小接受的却是正统的儒家教育，这是那个时代民族融合的产物。

第四，曾经共历考验。

"夫妻本是同林鸟，大难临头各自飞"是形容那些在关键时刻抛弃丈夫（或妻子）的自私自利的人的。有的夫妻平时看着十分恩爱，一旦面临私欲、金钱等考验，私心杂念就出来了，各自打各自的小九九，这不是有真爱的夫妻。长孙氏则不然，她在最紧张的时刻全心全意辅佐夫君，即使面临生死考验也在所不惜。

这对夫妻面临的最紧张的时刻，并不是李世民在战场上浴血奋战的时刻，长孙氏对自己夫君的军事能力还是很有信心的，真正让她紧张的是玄武门事变。

这个玄武门事变为何能让长孙氏紧张呢？原因很简单，这不是战场上打仗，凭借勇猛就可以获胜，这个事变说白了是一场政变，是一场豪赌。老皇帝李渊实际上是偏向太子李建成的，李世民的政变可谓孤注一掷。成，自然皆大欢喜；不成，一定会家破人亡，而且还要以乱臣贼子的名声留诸史册。

事变之前,气氛是十分紧张的,黑云压城城欲摧。李建成、李元吉也好,李世民也好,都在私蓄武装,拉拢朝臣和老皇帝身边的嫔妃们。而且还有很重要的一点,嫔妃们在老皇帝面前说几句好话或者坏话,那作用大了去了,枕边风的威力不容小觑啊。所以李建成就派太子妃入宫去和皇帝的嫔妃们交朋友,贿赂她们。而李世民这边也针锋相对,他派出的就是长孙氏。史籍说她频繁出入后宫,对皇帝的那些嫔妃们十分恭敬,竭尽全力拉近关系。有人可能要说了,这是阴谋啊,可问题在于她要不这么做,李建成、李元吉那边可就占尽优势了,人家早就在做嫔妃们的工作了。所以说,她的工作目的就在于不求这些嫔妃们说什么好话,起码别说坏话,别起反作用。

而且有证据表明,在密谋玄武门事变的过程中,长孙氏很可能也深度介入。比如,多年以后房玄龄犯错遭到皇帝贬斥的时候,她劝太宗说房玄龄是个老实人,也是个谨慎的人,比如当年玄武门事变前他给你出的那么多主意,到现在也不为外人所知,可见他多么忠心谨慎。被房玄龄烂到肚子里的那些奇谋秘计外人都不知道,但长孙皇后很清楚,可见她就是当事人,由此也可见李世民对这个女子的决策力也很有信心,所以才会让她参与进来。不要忘记了,是谁第一个向李世民提出发动政变杀死李建成、李元吉的,不是别人,正是长孙无忌,长孙氏的哥哥。这一对兄妹可谓是玄武门事变的大功臣。

发动事变的那一天,气氛紧张到了极点,生存还是死亡,只在一线之间。秦王府上下人人兴奋而又惴惴不安。看到将士们如此紧张,长孙氏站出来亲自勉励大家,所有将士都十分感动。所以说玄武门事变的成功,可谓是长孙氏和自己的夫君一起以性命为赌注孤注一掷的结果。长孙氏在这个过程中与自己的夫君一起经受住了严峻的考验。

也正因为如此,政变成功后,李世民登基称帝,没几天就封长孙氏为皇后,从此开始了她辅弼太宗的后宫生涯。他们夫妻之间的情感一直很稳固，有一段时间太宗病得很重，长孙皇后甚至随身携带着毒药，说要是皇帝有个三长两短，她也就不活了。可见夫妻感情之深厚。

那么，全天下的人为何爱戴长孙氏？在她不到四十年的生涯里，她究竟做了什么事从而获得了天下人的肯定呢？

二、母仪天下

第一，定位准确。

长孙氏本来就通情达理，当了皇后，她更懂得——自己已经不再是一个独立的人了，她是一个象征了，她和太宗的一举一动，那就不是夫妻俩之间的事情了，那是全天下的事情，是要垂范天下乃至后世的，所以她就特别注意自己的一言一行。她给自己的定位十分准确：后宫领袖，母仪天下。从北朝一直到隋唐，前前后后弄权的女性层出不穷。长孙氏从玄武门事变开始就参与政事，再加上自己的哥哥位高权重，要想当一个强势的皇后她完全可以做到，但是她没有。这体现在两件事上。

第一件事，从不干预政事。太宗觉得长孙皇后很聪明，懂事理，所以有时就一些赏罚之事问她的意见。没想到，玄武门事变前还帮着他出主意的长孙氏此时却判若两人，她回答："牝鸡之晨，惟家之索。妾以妇人，岂敢豫闻政事？"（《旧唐书》卷五一《后妃传上》）"牝鸡之晨，惟家之索"是《尚书》里的话，意思是母鸡早晨打鸣，是一家的灾祸，喻指女人不该干政，所以我不该过问政事。太宗再问，长孙皇后干脆扭过脸去，一言不发，给太宗一个下不来台。

第二件事，劝太宗弃用长孙无忌。长孙氏特别害怕因为自己的缘故形成外戚专政。古代外戚专政是政坛一大弊端，教训多得不得了。长孙氏的哥哥长孙无忌本来就是外戚，加上玄武门事变有首倡之功，所以太宗一朝他是天下第一臣。他越是权势大，长孙氏越是担心，后来她劝太宗将自己的哥哥免职。她说：我本身已经是皇后，我的哥哥又如此位高权重,我特别担心咱们大唐出现汉代吕后、霍光家族那样的事情,殷鉴不远,我希望您弃用长孙无忌。长孙无忌听了自己妹妹的劝,也请求辞职。虽然最后长孙无忌还是当了宰相,但是从此事可以看出长孙皇后的小心翼翼。

第二,劝谏得力。

太宗以善于纳谏而著称。但是,其实那不是太宗的本性,他本身是个性格火暴之人。但是自打通过政变上台以来,他就决心以明君的姿态洗刷自己上台手段的非合法性,可谓知耻而后勇。因此,他统治的二十余年时间里,勇于劝谏的人很多,毫无疑问,长孙氏也是其中闪亮的一个。

长孙氏了解自己夫婿的暴脾气,所以一般的事她不管,遇到重大事情,她有自己劝谏的方式方法。

太宗的大臣里,最爱劝谏的是魏徵。魏徵脾气也倔,不达目的誓不罢休,所以言辞上经常顶撞太宗,有时候真把太宗惹恼了。有一次,太宗一回到后宫就抓狂,嘴里喊着:我一定要杀了这个田舍汉!长孙皇后就问:您这是跟谁啊?谁惹您了?太宗回答说:是魏徵那个老家伙,总是顶撞我,让我老不得自由。说完回头一看,嗯?皇后呢,不见影了。不一会儿,只见长孙皇后穿着全套正式的朝服出来了,而且还对太宗拜贺。为啥拜贺?只听长孙皇后徐徐说道:"妾闻主圣臣忠。今陛下圣明,故魏徵得尽直言。妾备后宫,焉敢不贺?"(《大唐新语》卷一《规谏第二》)意思是我听人说只有主上圣明,臣下才忠直,现在有了魏徵这样的直臣,足以说明皇上您很圣明,我岂敢不祝贺呢?您瞧,就是提意见,她也很讲究技巧,不是硬碰硬批评太宗——你咋那么不大度,而是顺着他来——魏徵顶撞你好啊,说明你是明君啊,你不就想当明君吗?结果太宗转怒为喜。

还有一次,也和魏徵有关。长孙皇后的亲生女儿长乐公主要出嫁,有司准备的嫁妆特别丰厚,甚至超过了永嘉长公主(唐高祖李渊第六女，长乐公主的姑姑）。魏徵又提意见了：公主的嫁妆比长公主的还要丰厚，这是违背礼法的，后辈怎么能后来居上呢？太宗听了，觉得有道理，但是长乐公主是长孙皇后所生，长孙皇后将其视若珍宝，魏徵的建议会不会让皇后不高兴啊？太宗回到后宫，一五一十对皇后这么一说，没想到皇后比他还大度，长孙皇后说：通过这件事，我真正看到魏徵是社稷之臣，国之栋梁。他比我强，我有时还看你脸色，魏徵才是直臣。忠言逆耳利于行，听他的没错。陛下你一定要重视他的话。太宗担心她不高兴，她反过来还把太宗劝谏了一番。事后她还赏赐魏徵五百匹帛。

所以说，长孙皇后不但勇于劝谏，而且还很注意方式方法，效果很好。

第三，生活节俭。

唐太宗贞观时期，国家刚刚结束战乱，经济凋敝，人口减少，各种经济指标前不及隋炀帝大业五年（609年），后不及开元盛世，人们称赞贞观之治，其实是称颂其政治清明。贞观时期的确是中国封建王朝历史上少有的清明时代。统治阶层内部懂得收敛有度，不肆意妄为，这就是清明的体现。长孙皇后在这方面做得无疑是很好的。史籍记载说她的生活很节俭，一点也不奢侈，非但对自己，对子女也是如此。有一次，太子李承乾的乳母来求见皇后，告诉她说太子嫌东宫内器物少，不够用，请求增添器物。李承乾想要东西向皇帝提出来不就行了吗，干吗事先派乳母来给母亲打招呼呢？因为他知道，在子女教育方面母亲有时比父亲还严格，过不了母亲这一关不行。果然，长孙皇后正色对乳母说：太子担心的应该是"德不立，名不扬"，怎么担心东西少呢？哪个重哪个轻啊？就这样把太子回绝了。

假如长孙皇后能多活十年，李承乾也不至于那么不成器，以至于太子位被废了吧。可惜，历史是不容假设的，咱们只能想想罢了。

后来有人找到了一则史料，指出长孙皇后似乎也没那么节俭。怎么回事呢?原来宋代的米芾在一幅画上留有一处题记,描述了长孙皇后留在世间的一双鞋的样子。至于米芾是看到了这双鞋的原物,还是临摹前辈画作,这个就不清楚了。那段文字现在见于《见只编》《说略》等书。米芾

新疆吐鲁番阿斯塔那古墓出土的岐头履

描述说这双鞋是一双岐头履,用羽毛、黄金、珠子做装饰。上边这幅图就是唐代的岐头履,当然,这不是长孙皇后的那一双。

从米芾的描述来看,这双鞋的确够奢华,那么是否说明长孙皇后的生活真的很奢侈?请看《旧唐书》是怎么描述长孙皇后的节俭的:"后性尤俭约,凡所服御,取给而已。"(《旧唐书》卷五一《后妃传上》)意思是,长孙皇后不是穿得破破烂烂,而是取之有度,够用即可,不做分外的要求,不在宫外做额外的索求。也就是说,对于皇后应该享有的那些金玉珠宝,长孙皇后并不拒绝,但是一切按照规矩来,不奢侈,不过度。这样也好,为什么呢?不装。该是什么样就是什么样,不过度就好。王莽当年穿的衣服那是真的破破烂烂,最后国家还不是陷入动乱;隋朝独孤皇后开始也很节俭,衣服很朴素,到了晚年不也追求仁寿宫的豪华,而且在太子人选问题上昏招迭出吗?所以关键在于内心是否真正淡然,有无不靠外表展现自我品德的自信。毫无疑问,长孙皇后是拥有这份淡然和自信的。

第四,体恤下情,深得人心。

自古以来后宫就不是平静的地方,钩心斗角,尔虞我诈,宫斗也算是历史悠久了。但长孙皇后在后宫中可谓深孚众望,无人不服。后宫嫔妃有犯罪被处罚的,她往往等太宗息怒了再去劝谏,这样犯罪者往往得

以保全。有得病的，她往往把自己的药材让给人家。豫章公主出生后，生母就去世了，长孙皇后主动承担起抚养公主的重任。长孙皇后还亲自撰写《女则》十卷，评价历史上后宫嫔妃的得失。但她告诉手下，这书只是我自己的一点心得，很不成熟，别让皇帝看到。她去世后，手下才把书拿给太宗看，太宗看了悲恸不已，下令将《女则》公之于众，用来训诫后宫。

长孙皇后虽然贤德，但天不假年，她的身体一直不是很好，据说一直有风疾，估计是心脑血管方面的疾病。贞观十年，三十六岁的她病倒了，病情一日甚于一日，逐渐转向危殆。当时的太子李承乾提出要大赦囚犯，而且还要广度僧道。为什么这么做呢？古人认为这样可以祈福，李承乾希望通过这个办法为母亲祛除疾病。

长孙皇后听到这个消息之后，再次展现了她的贤德，她说：死生自有天命。如果说做善事就可以延长性命，那我平时做事并不恶。假如这样做无效，那做来又有何意义呢？囚犯的事情，度僧道的事情，国家自有法规，不可为我这一妇人乱了国家的法制。而且她还进一步对太宗提出请求，这也算是她的遗嘱了。她再次劝告太宗不要娇惯外戚，并且要求实行薄葬。首先，因山为墓。意思是找一座山，挖个洞，把她安葬进去，不必再起坟堆了。其次，她要求自己的随葬器物用木器、陶器即可。一句话，节俭为上。这里顺便说一句，后来太宗没有完全听从她的遗嘱，的确因山为墓了，但太宗只是给她建了一个临时安厝的石室而已，因为太宗已经下定决心建造一个数十丈深的地宫，作为自己和长孙皇后的长眠之地。后来的随葬品也很丰富，其中还有王羲之等人的书法作品。太宗晚年总结自己时都说过，自我约束比起贞观前期有所减弱，看来果然如此。我们权且把这看作是太宗表达自己对亡妻的思念的一种方式吧。贞观二十三年（649年）唐太宗去世后，高宗怀着悲痛的心情将母亲的灵柩从石室中请出，把父母一起安葬到了地宫中。

长孙皇后去世了，英年早逝的她留下来的是一个几乎尽善尽美的形象。这也就无怪后世对她推崇备至了。可以说不论后世哪个朝代，一说起后宫典范，必然会提及文德皇后长孙氏。

　　但是对长孙皇后也不是没有批评意见。现代一些学者批评长孙皇后一味遵循三纲五常，压抑、迷失自我，去成全太宗，是封建礼教的牺牲品。但是，评价历史人物不可脱离其时代，我们不能要求每个人都是时代的先行者，都能冲破时代的束缚去做事，长孙皇后的所作所为是那个时代的产物，她的价值观是那个时代的价值观。因此我们评价她也必须站在那个时代的基础之上，不可用现代价值观来要求她，这就是那句话：一个人要想离开社会而生存，那正像人拔着自己的头发想离开地球一样不可能。

　　有的学者还注意到了长孙皇后有个哥哥叫长孙安业，长孙皇后曾经替他向太宗皇帝求官，他犯了法，长孙皇后也代为求情。由此，有的学者认为长孙皇后徇私舞弊。但是此事要完整分析。怎么回事呢？这个长孙安业，实际上是长孙皇后同父异母的哥哥，此人素来是个无赖混混，不务正业，且嗜酒如命。当年长孙晟去世后，他还曾经把长孙无忌、长孙氏兄妹赶回了舅舅家，可以说他对长孙皇后是非常不好的。长孙氏当了皇后之后的确为他求官，后来长孙安业参与谋反，谋反的同党都被杀了，而他的确是靠着长孙皇后亲自求情才得以幸免。但是长孙皇后自己说得很清楚，她这样做绝不是为了这个无赖长孙安业，而是为了不让天下人产生误解，她说长孙安业这个人"不慈于妾，天下知之，今置以极刑，人必谓妾恃宠以复其兄，无乃为圣朝累乎？"（《旧唐书》卷五一《后妃传上》）意思是长孙安业对我不好，天下人都知道，现在假如将其正法，恐怕有人会说这不是什么遵行法律，而是臣妾借机报复，为了朝廷的声誉，请宽恕此人。所以无论是求官也好，求情也好，长孙氏都是出于对皇帝和自己形象的考虑，不是因为兄妹友爱，恰恰是因为兄妹有宿怨，这才这么做。人哪，到了一定的层次，喜怒哀乐就不是自己的了，长孙皇后无疑意识到了这一点。从这点来说，此事绝不能看作是她的污点。

长孙皇后去世了，但是却给后世妇女留下一个典范。甚至可以说，她在历代皇后中的形象地位，比起太宗在历代皇帝中的形象地位还要高。这就是这个三十六岁的女性流星般短暂而辉煌的一生。

第四讲　汉藏和亲——文成公主

西藏拉萨有一座雄伟的布达拉宫，这是在吐蕃伟大的领袖松赞干布时期初建的。在那里面有一座佛堂，人们称其为松赞干布修法洞（法王洞），洞内有文成公主和她的丈夫松赞干布以及吐蕃其他时期重要人物的塑像。这些都是当时的塑像，吐蕃人用这种方式来纪念那个伟大时代的伟大人物。

右图中文成公主面庞丰满，颇有唐代仕女的风采，而

布达拉宫文成公主像

且慈眉善目，看着非常温和善良，有着雍容华贵的气质，眉宇间还有一股英气，显示了她的才能。

那么，文成公主与松赞干布的婚姻究竟有什么重要意义，以至于这段婚姻被人们称颂不已，到现在还加以缅怀呢？

一、松赞干布的雄心

吐蕃是崛起于青藏高原雅隆河谷的一个民族，现代生物学研究证明，吐蕃先祖属北方民族，后来才迁居到青藏高原南部，因此有人说"汉藏同源"。刚迁居到青藏高原的时候，吐蕃还不是一个整体，而是由无数个小部落组成的，以游牧经济为主。吐蕃的崛起就是在松赞干布时期完成的。他将松散的部落团结在一起，镇压叛乱，编练军队，改革推广文字，把首都迁到了逻些（今拉萨），然后他的目光就开始望向远方了——他想征服整个青藏高原。

此时的唐朝皇帝不是别人，正是一代英主唐太宗。

早在贞观十年（636年），松赞干布就已经想向唐朝求婚了，当时他正渴望吐蕃的地位得到抬升，让外界认可这个新生的政权。那么，还有比迎娶大唐公主更荣耀的事情吗？尤其当他听说突厥和吐谷浑都向唐朝皇室求婚，于是他更不肯落后了。他很快也派出了求婚使者，带着大量礼物来到了长安。

那么，此时文成公主在做什么呢？很可惜，史料记载不清晰。文成公主是唐朝宗室女，也就是说她不是唐太宗亲生的，所以，出嫁前她不是公主，公主的身份是决定把她嫁给松赞干布之前封的。文成公主的生父是何许人，史料没有记载，但文成公主出嫁时江夏王李道宗奉命护送她来到吐蕃。他是唐太宗的族弟，曾被李世民称为三大名将之一。因此有人就怀疑文成公主极有可能是李道宗的女儿，所以才让他护送，就像现在婚礼上爸爸把女儿交到新郎手里一样。之所以选择文成公主，一是因为她是宗室女，可以代表唐皇室，二是因为文成公主的素质很适合担负这个任务。文成公主是一个美女,而且很有气质,松赞干布第一眼看到她就被吸引了。况且此女十分聪明,知识面广,唐太宗希望和亲的公主是去传播文化的,所以她是非常合适的人选。

不过,文成公主并不是在贞观十年这次求婚后就嫁给松赞干布的,这个过程十分曲折复杂,松赞干布一共求婚两次。

吐蕃使者刚刚来到唐朝的时候,获得了唐太宗的热烈欢迎,而且唐太宗答应了使者的要求。可是就在使者觉得欢欣鼓舞的时候,唐太宗却突然改变初衷,收回了成命。究竟是什么原因导致唐太宗反悔了?

唐朝方面对此没有解释,但使者回去向松赞干布汇报时说的一番话透露了其中的玄机。原来,就在唐太宗与吐蕃使者商量联姻的时候,吐谷浑可汗入朝拜见唐太宗。这场会晤之后,唐太宗的态度发生了一百八十度的大逆转,不仅不再答应吐蕃的要求,甚至连对吐蕃的接待规格都降等了。这是为什么呢?

这与吐谷浑在青藏高原上与吐蕃的竞争密切相关。吐谷浑是鲜卑人的后代,以青海湖为中心,是青藏高原北部最强大的民族。唐初其与唐朝发生过战争,但是贞观九年(635年),唐朝派出的远征军征服了吐谷浑,唐扶持诺曷钵为可汗。毫无疑问,诺曷钵是亲唐的。可是问题出来了,南边吐蕃的崛起严重威胁了吐谷浑的安全,此番诺曷钵进京朝拜唐太宗,不排除就是听说吐蕃使者求婚,所以赶来搅局的。对唐朝来说,诺曷钵是自己立的可汗,自然要全力扶持。吐谷浑和吐蕃是对头,此时假如吐蕃通过与唐朝的联姻地位获得抬升,这对吐谷浑是一个巨大的威胁,而且还会使诺曷钵在国内的地位受到质疑和动摇,这一点是唐朝不愿看到的,所以唐太宗收回了成命。

说实话,此时的唐太宗对吐蕃的实力还没有真正的了解。吐蕃刚刚崛起,与唐朝又不接壤,所以唐朝对它缺乏了解和认识。松赞干布是一代雄主,于是决心借机展现一下自己的实力,他还不敢贸然对唐用兵,所以就先向他心目中的罪魁祸首吐谷浑下手了。

这一战松赞干布可谓倾尽全力，御驾亲征，调动军队主力，联合其他一些部落向吐谷浑发动猛攻。吐谷浑打不过，不得不逃到了青海湖的几个岛上，想凭借青海湖的浩渺烟波来掩护自己。被俘的民众、被掳掠的牲畜不计其数。

紧跟着松赞干布又攻破党项羌、白羊羌，这下子就直接打到唐朝国门前了。此时松赞干布手下有雄兵二十余万，屯扎在松州地界，也就是今天四川和青藏高原的交界地带。他再次派出使者，带着金银财宝来唐求婚，而且扬言："若大国不嫁公主与我，即当入寇。"（《旧唐书》卷一九六上《吐蕃传上》）意思是，你要是再不把公主嫁给我，我们就要入侵。松州边防部队与吐蕃军队作战，竟然被击败了。

唐太宗这下子意识到情况的严重性了，此时的他已经在内心开始检讨自己外交方面的失误，同时他意识到，不管随后与吐蕃怎样和好，此时必须要以强硬手段维持唐朝的尊严。于是他调兵遣将，派遣大将侯君集、执失思力、牛进达率领大军前往松州抵御吐蕃，这三人都是当时有名的将领。牛进达率先与敌交战，到达松州后立即部署对吐蕃展开夜袭，结果吐蕃被打了一个措手不及，损失上千人。

这一仗让松赞干布意识到，唐朝的实力的确不能与他以前遇到的那些对手同日而语，打下去难免吃亏，再加上他教训吐谷浑，展现实力的目的已经达到，所以他选择了罢兵言和。松赞干布下令立即撤退，派使者向唐太宗请罪，并再次提出了和亲要求。

这一次唐太宗答应了他的请求，准许和亲。那么，这次唐太宗为何同意了呢？我想原因有以下两方面：

第一，认清了对手实力。

这一仗虽然唐军取得小胜，但是吐蕃的实力不容小觑，它可以轻易打败吐谷浑和羌人，而且兵团有数十万人，这是青藏高原上从未出现过的强大武装力量。这样的一支力量，与唐朝暂时没有什么根本性的利害冲突，只要求和亲，又何必要不同意呢？原本还要顾及吐谷浑的感受，可是事实证明吐谷浑无法抵御吐蕃啊，所以有必要重新考虑和亲问题了。

第二，以和亲换取长远利益。

唐太宗时期唐军实力超群，几乎是无往不胜，但是唐太宗不是穷兵黩武之人，换句话说，他手不痒痒，不是总想着打个谁，能够和亲的话何乐而不为。早年间，还没有唐蕃战争这件事的时候，他就论述过对和亲的态度。他在解释为何与薛延陀和亲的时候，是这样说的："北狄风俗，多由内政，亦既生子，则我外孙，不侵中国，断可知矣。以此而言，边境足得三十年来无事。"（《贞观政要》卷九）他指出，北方少数民族的风俗是政令多出于母后，假如我把唐朝公主嫁过去，以后生的孩子就是我外孙，我家公主、我家外孙肯定不会与我为敌，这样边境可以换来三十年和平，岂不美哉。说实话，唐太宗很睿智，也很实际，他想通过和亲换取安宁。同时，他也没有那么天真，觉得和亲以后大家就是一家人，就再也不会打仗了，他指出这个和亲能管三十年，三十年以后血缘关系淡了就难说了。

正因为这个缘故，他时常采取和亲的方式处理外交关系。这次对吐蕃就是如此。

二、漫漫和亲路

既然双方都有了和亲的意向，那么很快这件事就被提上了议事日程，跟民间婚姻一样，先要男方提亲，于是松赞干布就派出了他身边的重磅级人物禄东赞。

禄东赞可是个不得了的人物，他是松赞干布最重要的助手，曾经帮助松赞干布平定贵族叛乱，而且在政治、军事各方面都有极高才干，后来被松赞干布拜为大相，也就是相当于唐朝的宰相。他在松赞干布死后担负起了治理国家的重任，虽然不是赞普，但权势也和赞普差不多了。他的后人也持续对吐蕃政局产生了巨大影响，这是后话，在此就不说了。

总之，与唐朝和亲这件事是松赞干布当时面临的最重要的事件，所以他派出了自己最信赖的助手禄东赞，禄东赞带着五千两黄金和数百件宝物来到长安提亲。

唐朝对禄东赞的到访也给予了极高的礼遇，唐太宗亲自接见禄东赞。当时没有照相机，唐太宗就命大画家阎立本将两人会晤的场景描绘下来，这就是今天尚能见到的著名的《步辇图》。

步辇图

画面的右侧唐太宗坐在宫女们所抬步辇之上接见禄东赞。画面左侧有三个人，留着长须、手持笏板、身穿红袍的人是唐朝引见的礼官，中间那个头戴小帽、穿着团花窄袖长袍的是禄东赞，他正毕恭毕敬地等待唐太宗。双方洽谈的就是文成公主出嫁之事。唐太宗特地让阎立本把这个场景描绘下来，可见他对此事有多么重视。

吐蕃举国上下对此事也是无比重视，甚至还衍生了"六试婚使"的传说，讲的是唐太宗故意给禄东赞设置了六道难题，要试试婚使聪明与否，结果禄东赞全都巧妙应对，最终成功将文成公主迎到了吐蕃。

哪六道难题呢？

第一道难题，珠眼穿绫。

据说当时向唐朝求婚的外国使节很多，唐太宗就拿出了一颗明珠，上面有九曲孔洞，也就是说那洞眼是曲里拐弯的，看你们谁能把绫从这个眼里穿过去。一大群使节都急得焦头烂额，谁都没办法。禄东赞坐在一棵大树下想办法，忽然看见一只蚂蚁，于是他灵机一动，将丝线的一头系在蚂蚁的腰上，另一头则缝在绫上，然后再在珠子洞眼一端抹上蜂蜜，把蚂蚁放在另一端，蚂蚁受到蜂蜜香味的吸引爬进孔洞，然后从另一端爬了出来，那条绫也就随之穿过了。

第二道难题，辨认母子。

唐太宗让人牵了一百匹母马和一百匹马驹，让使节们分辨哪个是哪个的妈妈。使者们有的按毛色分辨，有的按照高矮分辨，都弄错了。禄东赞则事先买通了马夫，让他头一天把母马和马驹分开，不给马驹喝水，到了辨认的时候，禄东赞命人把马驹放开，马驹口渴难忍，纷纷跑过去找自己的妈妈喝奶，这样母子关系就一目了然了。紧跟着唐太宗又令人拿出一百只母鸡和一百只小鸡，让使节们分辨母子关系。又是禄东赞有办法，他给母鸡喂食，母鸡一看到吃的就赶紧咯咯咯叫，召唤小鸡来吃食，小鸡们就都聚集到了各自的母亲身边。个别小鸡不听话，还在乱跑，禄东赞发挥口技特长，学老鹰叫，这下子小鸡们吓坏了，纷纷躲到自己妈妈的翅膀下，于是母子关系就分辨出来了。

第三道难题，酒酣耳热揉羊皮。

唐太宗要求各国求婚使一日内喝完一百坛酒，吃完一百只羊，同时还要把羊皮揉好。比赛开始，别的使节和随从把羊一宰，然后大碗喝酒，大口吃肉，不一会儿就醉了，揉皮子的事早被抛到脑后了。禄东赞则和自己的一百名骑士按照顺序杀羊，小口小口地咂酒，一块块吃肉，边吃边揉皮子，这样就有个慢慢吸收、慢慢消化的过程，一天下来，酒也喝完了，肉也吃净了，羊皮也揉好了。

第四道难题，分辨根梢。

唐太宗让人拿出一百段松木，两头看起来一般粗，一模一样，让使者们分辨哪头是树根，哪头是树梢。禄东赞令人将木头全部运到河边，投入水中。树根那一头比较重，沉入了水中，树梢那头较轻，浮在水面上，这样一下子就分辨出来了。

第五道难题，辨认迷途。

有一天晚上，唐太宗忽然传令，召唤各路使节赴宫中开会。其余使节都忙着赶路，只有禄东赞有心，他一边走一边在路边做记号。见到了唐太宗，唐太宗一挥手让他们立即回去，原来这又是一场测试，看看他们能不能走出宫中曲里拐弯的道路。结果只有禄东赞凭借事先做好的记号找到了回去的路。

第六道难题，辨认公主。

经过多轮考试，唐太宗内心已经有了把公主嫁给吐蕃的决定，但是他还要最后考验一下禄东赞他们。他亲自主持考试。不一会儿有一大群身着华丽衣装、相貌相似的几百名宫女分左右两队从宫中走出，远望过去如同花丛一般绚烂夺目。文成公主就在里面，问题是怎么辨认出公主呢？禄东赞早有准备，他事先就在公主奶妈那里得到了准确的情报，知道了文成公主的体貌特征：美丽，皮肤白皙，双眸有神，右颊有骰子点纹，左颊有莲花纹，额间有黄丹圆圈，颈部有一颗痣。请注意，文成公主长什么样子，汉文史料里没有明确的记载，倒是吐蕃传说中有过这样的描述，尽管其中可能有一些文学夸张，但文成公主很美丽应该是没问题的。禄东赞按照这个情报进行辨认，最后认定左边一队宫女中的第六位就是文成公主。

经过这六轮考试，唐太宗下定决心将文成公主嫁给松赞干布。

但是，这个传说真实不真实呢？其实它可能更多的是一种文学想象。原因有如下三个：

第一，故事脱胎于戏剧文学。

这个故事是盛行于吐蕃的传说，汉文史料并无记载。它最早是在公元7—8世纪以戏剧形式出现的，后来才演变成文字作品，这个故事记录在《西藏王统记》等诸多藏文书籍中，读起来很有戏剧性，所以很可能掺杂了大量的艺术虚构。甚至不同书籍中这个故事的内容也不一致，有的是"六试婚使"，有的是"五试婚使"，具体细节也有不同，可见里面有不少人为的加工。

第二，违背唐朝制度。

外交使节觐见皇帝有一套严格的程序，一般来讲，只有礼仪活动皇帝才出席，或者谈判事宜敲定以后皇帝才会接见，或者有特别重大的事情，底下官员无法决策的，才由皇帝出面。皇帝亲自主持对外交使节的考试，这在唐代历史上还没有先例。

第三，违背当时形势。

据当时的形势判断也不可能出现这种事，唐太宗决定和亲与否全看当时的外交形势，干吗要难为婚使呢？和亲的达成是松赞干布与唐朝博弈的结果，一对一商谈的结果，用不着和其他求婚使竞争。如此重大的外交决策，难道唐太宗会因为求婚使不够聪明就把它推翻了？再者，禄东赞聪明不聪明与唐太宗和文成公主没什么关系，又不是嫁给禄东赞，对不对？

所以"六试婚使"只是个美好的传说，不过这个故事反映了吐蕃人民自豪的心理，娶到这样一位来自皇皇大唐的美丽公主，吐蕃人民欢欣鼓舞，所以才对完成使命的禄东赞称颂有加，为禄东赞在唐朝皇帝面前展现才干感到十分自豪。

禄东赞的确是很有才干的，他睿智沉稳，机敏果断。唐太宗非常欣赏他，拜他为右卫大将军，甚至还想把琅琊公主的外孙女段氏嫁给他，禄东赞婉言谢绝。他说：我们赞普还没有娶到文成公主，而且我在吐蕃有妻室，我怎么敢再娶呢？于是此事作罢，但唐太宗觉得他这样做很有分寸，又赞赏了一番。

这场婚事使唐朝与吐蕃的关系迅速升温。经过一段时间的准备，贞观十五年（641年）正月，松赞干布派遣禄东赞来接亲，唐朝派遣江夏王李道宗护送文成公主入藏。

此番进藏可谓艰苦。当时唐朝与吐蕃之间建立关系不久，两地间还没有什么像样的道路，路途遥远不说，一路既要克服风霜雪雨，还要战胜高原反应，这个小女子就这样坚持下来了，精神真是值得钦佩。

文成公主究竟是从哪里进入吐蕃的呢？一种说法是，从日月山进入青藏高原，走的路线基本就是今天青藏公路一线：西宁—日月山—茶卡—柴达木，一路而去，直到拉萨。日月山是从河湟谷地进入高原的必经之路，唐代称赤岭。相传文成公主路过此山时，想到就要进入高原，而且一般来讲和亲公主没有回娘家的希望，所以非常思念亲人，于是拿出太宗皇帝送给她的日月宝镜，她看着镜子回想着长安城的繁花似锦与亲人的音容笑貌，十分怅然，但是又想到自己身上的重责大任，于是毅然将日月镜弃于赤岭，摔在东的是日镜，摔在西的是月镜，然后继续西进，从此赤岭更名为日月山。那里现在还有日月亭、回望石、公主泉以及文成公主雕像。当然，这就是一个美好的传说，日月山本就是这座山的藏语名称，唐人一直叫其赤岭，没有改过名字。

但是也有学者认为，文成公主是从东线康定地区进入青藏高原的，也就是长安—天水—松潘—金川—康定—金沙江河谷—玉树—唐古拉山口—拉萨一线，部分路线与今天的川藏公路南线重叠。这条线路上的藏族同胞也有关于文成公主的传说，比如，文成公主曾在这里篆刻佛经，教吐蕃人种植粮食，设置水磨等。

这个问题在这里就不做判断了，但是可以看到，文成公主在整个青藏高原上都留下了传说，足可见人们对她的敬仰。

松赞干布望眼欲穿，早早就带着军队在柏海一带等候，经过长时间的跋涉，文成公主和松赞干布终于在河源地区会面了。两支队伍旌旗招展，人声鼎沸，欢歌笑语。松赞干布见到李道宗，立即下马持子婿之礼，李道宗是钦差，见到他等于见到唐太宗，松赞干布是女婿，所以持子婿之礼。

松赞干布见到文成公主和她的随从之后，感慨万千。文成公主很美,很有气质,唐人衣装华丽,动辄有礼,一看就是大国风范,松赞干布觉得有点自惭形秽。并肩和公主一同返回拉萨的时候,他对手下说:"我父祖未有通婚上国者,今我得尚大唐公主,为幸实多。当为公主筑一城,以夸示后代。"(《旧唐书》卷一九六上《吐蕃传上》)意思是,我们先祖从未有跟天朝上国通婚的,我现在娶到了大唐公主,实在是幸事,我要为公主单独筑一座城池,用来夸耀后世。

于是松赞干布就筑了一座屋宇华丽的城,请文成公主居住其中,这就是著名的布达拉宫。而且他还对吐蕃文化进行了一番改革。例如,吐蕃人原来的风俗是赭面,也就是把脸涂成红色,文成公主觉得不雅观,松赞干布就赶紧下令国内暂停赭面——肯哄老婆的男人都是好男人;原先吐蕃人都穿毛裘,现在看到大唐衣冠如此精美华贵,松赞干布以身作则,带着大臣们都穿唐朝的绫罗绸缎。

三、永远的大唐公主

文成公主对吐蕃的影响可谓是全方位的,不仅是妆容衣冠,在政治、经济、文化各个方面都产生了长远影响。

吐蕃人原来的宗教是苯教,崇拜的对象包括天地日月、雷电冰雹、山石草兽等各种自然物以及神灵、鬼魂。而文成公主的到来,大大促进了佛教在吐蕃地区的传播。以前有个说法是,文成公主入藏之前吐蕃没有佛教,这个说法不准确,在松赞干布的先祖时期吐蕃已经有了僧徒和佛经。应该这么说,松赞干布的两个妻子

小昭寺

大大促进了佛教的发展。一个是尼泊尔的尺尊公主,她嫁到拉萨的时候带来了多尊佛像,松赞干布为她建立了大昭寺;文成公主的陪嫁物中也有精美的佛像,松赞干布为她建立了小昭寺。

吐蕃人民对文成公主很尊敬,托名人效应,佛教在吐蕃获得了长足发展。另外,根据《西藏王统记》等史料记载,文成公主还带来了种植、养蚕、酿酒、碾硙、制陶、造纸、医药、历算等技术,大大促进了吐蕃文明的发展,改善了吐蕃人民的生活状况。

有人说文成公主地位不如尺尊公主,理由是尺尊公主先嫁到吐蕃,而且松赞干布为尺尊公主建的寺叫大昭寺,为文成公主建的叫小昭寺,这一大一小就体现了两人地位的差距。还有个证据是文成公主没有为松赞干布生孩子。这个问题需要分析一下:

第一,文成公主没有生孩子,尺尊公主也没生。松赞干布的儿子是以前的妃子生的。

第二,吐蕃古代文书大量记载了文成公主。比如,敦煌出土的吐蕃文书、吐蕃碑文和传世的《西藏王统记》《贤者喜宴》等,而松赞干布的其他妃嫔被记载的却寥寥无几,包括尺尊公主。

第三,吐蕃书籍《贤者喜宴》记载了松赞干布为文成公主加冕、封作王后。《敦煌吐蕃历史文书》记载了松赞干布迎娶文成公主时给她赐寺的头衔是"赞蒙",文成公主去世后还享有祭祀。被称为赞蒙,而且还享有祭祀,这是王后级别的待遇。所以文成公主的地位不说高于其他人,起码是不低于其他人的。

第四,大昭寺原名曰阿萨出朗祖拉康(藏语音译),意思是羊土神变经堂,小昭寺原名在藏语里的意思是汉人的大院落。叫作大昭寺、小昭寺那是松赞干布以后很多年的事情,不能用寺名中的"大""小"来判断尺尊公主和文成公主地位的高低。

唐朝通过文成公主与吐蕃建立了良好的关系,很快,这种良好关系就在一件事情上得到了体现:文成公主出嫁六年后,唐朝大臣王玄策出使印度戒日王朝，当时戒日王朝正在闹内乱，戒日王已死，戒日王臣下阿罗那顺篡位，还要抓捕唐朝使节。王玄策逃走了，但是他不打算回唐朝，他一想，咱有人啊，咱唐朝有个女婿就在喜马拉雅山北面啊，于是他分别向尼泊尔和吐蕃借兵。向尼泊尔借兵是啥理由呢，你看，你家尺尊公主嫁给了松赞干布，我家文成公主也嫁给了松赞干布，咱就算亲家吧，现在亲家使者有难，你好意思不帮忙啊？松赞干布那里更不用说，女婿嘛，帮老丈人家出气是顺理成章的。于是尼泊尔派出七千多名士兵，吐蕃道远来了一千二百名士兵，王玄策率领着这八千多人马，大破印度军，生擒阿罗那顺，将其献给了唐太宗。从这件事上就可以看到这场婚姻带来的政治效益。

文成公主出嫁吐蕃的伟大意义，完全取决于当时的政治局势。松赞干布和文成公主之后，虽然唐朝与吐蕃之间时战时和，但是舅甥关系始终不变。尤其是后来还有金城公主出嫁吐蕃，更巩固了这段关系。

文成公主出嫁这件事的影响力不是历史上一般的送女和亲可以相比的，它的影响力分为两大阶段：第一阶段，文成公主出嫁吐蕃促成了唐朝与吐蕃之间罢兵言和，结成舅甥之国；第二阶段，松赞干布和文成公主相继去世之后，文成公主对佛教的传播和她带来的各种器物、典章制度对吐蕃的影响持续发酵，一直持续到今日。甚至可以说吐蕃乃至藏族的历史离开了文成公主就失去了其完整性，也正是因为这个缘故，所以历史上那么多和亲的女子中，文成公主的知名度最高，也最受怀念。西藏人民至今还在歌颂她，文成公主已经成为一个民族团结的符号。

第五讲　骄横荒唐——高阳公主

唐朝的公主大约是中国历史上各朝代公主中最具性格的，各色人等令人眼花缭乱。下面，我们就来看一位咄咄逼人且荒唐的公主——高阳公主。

一、夫家荣耀

高阳公主，唐太宗之女，生母为谁史无明文，但从唐太宗对其宠爱有加来看，其生母地位不会太低。

唐太宗将其许配给房玄龄的儿子房遗爱。房玄龄自唐高祖晋阳举兵打到关中时就来投靠李世民，一直忠诚竭力，无论是建国战争还是玄武门事变，抑或是贞观治国，房玄龄都居功至伟。可以说，没有房玄龄就没有贞观之治。

为了体现对房玄龄功绩的肯定，拉近君臣关系，唐太宗特地把爱女高阳公主许配给了房遗爱。这一对夫妻，从其性格来看，大约是女强男弱，高高在上的地位和唐太宗的娇惯使得高阳公主养成了骄恣不论于理的性格。性格决定命运，高阳公主为这种性格最终付出了生命的代价。

唐太宗在世时，高阳公主慑于父亲的威名，尚且不敢太胡作非为，房家也为娶了这样一位公主而倍感自豪。房玄龄去世前，曾抱病写了一篇很长的谏词，告诫唐太宗不要再讨伐高丽，要适可而止，要顾惜民力和将士妻小，不要以意气之争来决定外交政策，言辞慷慨激昂。当时房玄龄已经垂危，自然无法亲自呈递奏折，担负起这个任务的极可能就是高阳公主。史书记载，太宗皇帝看到这封谏书很感动，对高阳公主说："此人危惙如此，尚能忧我国家。"（《旧唐书》卷六六《房玄龄传》）意思是他病成那样，还在操心我的国家啊。

房玄龄去世后，他的神道碑文里甚至还不忘提及这个儿媳，《全唐文》卷一四九《大唐故左仆射上柱国太尉梁文昭公碑》记："高阳公主为其子妻。"可见一直到此时高阳公主还是婆家的骄傲。

二、本性暴露

房玄龄于贞观二十二年（648年）七月去世。在他去世后不久，高阳公主就由家族荣耀变成了家族之耻。

人的本性是很难长久掩饰的。唐太宗在位期间，高阳公主还是能掩饰自己的，但她的荒唐举动也不是毫无迹象。

实际上，在公公房玄龄去世后，高阳公主已经开始在房家掀起波澜。这个波澜刚开始并不算大，局限于家庭内部。当时她撺掇丈夫房遗爱和哥哥房遗直分家，而且还想找茬剥夺房遗直的爵位给丈夫，因为房遗爱不是长子，所以房玄龄的爵位是由房遗直继承的。她不服，想尽办法要夺过来。这件事被房遗直举报到了唐太宗那里，唐太宗批评了高阳公主，高阳公主十分不服。

但是紧跟着另一件大事的发生使得唐太宗彻底失望，也使得高阳公主十分忌恨父亲。

有一天，长安城内发生窃案。官府在追捕盗贼的过程中发现一个金宝神枕，此物精美绝伦，一看就不是民间之物，必然是从宫廷或者达官贵人家流出的。有司审讯，盗贼供认是从高僧辩机那里偷来的。出家人本该六根清净，可是这个枕头是女人用的东西，而且一定是有身份的女性用的东西，辩机是从哪里得来的？有司将辩机逮捕，辩机经不住审问，交代说是高阳公主赠送的。因此两人奸情败露，舆论大哗。

要知道，这桩绯闻里的男女主角都不是等闲之辈。高阳公主自不待言，辩机在当时的名气比高阳公主有过之无不及，因为他是玄奘法师最器重的助手之一。辩机是京兆会昌寺僧人，原姓名、籍贯、生年不详。他自己回顾早年求学经历曾说："辩机远承轻举之胤，少怀高蹈之节，年方志学，抽簪革服，为大总持寺萨婆多部道岳法师弟子。"（《〈大唐西域记〉赞》）要说这个辩机跟房家打交道不算少，当时玄奘法师自西域取经回来，举国轰动，成为当时文化领域一大盛事，房玄龄奉唐太宗敕令为玄奘译经选取翻译助手，辩机入选为缀文大德九人之一，可见他早就为房玄龄所器重。在翻译《六门陀罗尼经》《佛地经》《显扬圣教论颂》《天请问经》时，辩机担任笔受。同时，他帮助玄奘整理书写《大唐西域记》，这部书成了记载玄奘求法经历、西域及古印度风土人情的重要史料。他所撰写的《〈大唐西域记〉赞》至今还附在该书之后。

这样一位高僧大德，为何能与高阳公主相识并且私通？

根据《新唐书》卷八三《合浦公主传》的记载，辩机在寺外有私宅，而且就位于高阳公主封地内。有一次，高阳公主和丈夫房遗爱一起在封地内打猎，遇到了辩机，高阳公主和辩机一见钟情，就此发展成奸情。这里有个问题，房遗爱作为高阳公主的丈夫对此知情否？他是何种态度？

可以肯定，房遗爱是懦弱无能的，他的一生似乎都在受高阳公主的左右。再加上唐代上层社会妇女中绯闻并不少见,贞操观也没有后世那么严格,所以他对于强势的夫人的婚外情采取的是睁一眼闭一眼的策略,高阳公主为了安抚他,"更以二女子从遗爱"(《新唐书》卷八三《合浦公主传》)。高阳公主给辩机赠送了价值上亿的财宝,其中就包括那个金宝神枕。而此枕的被窃,最终导致了整个奸情的暴露。

此事一出,御史直接上报给太宗皇帝。唐太宗勃然大怒,一怒高阳公主的私生活竟然如此糜烂,二怒奸夫竟然是玄奘的助手。出家人通奸原本就破坏佛家名誉,且对玄奘法师的声誉也有附带损伤,唐太宗焉能不怒。

于是唐太宗下令重办此案。辩机被腰斩,知情不报的十多个奴婢也被处死。但是唐太宗最终还是让步于私心,并没有处理高阳公主。

辩机之死让高阳公主羞恼异常,她不是恼自己的所作所为,而是恼父亲的痛下杀手。此事之后不久,唐太宗驾崩,高阳公主竟然不哭。"太宗崩,无戚容。"(《资治通鉴》卷一九九《唐纪十五》)这一方面体现出她对父亲的抱怨,另一方面体现出此女骄横异常,连伪装都懒得做。

这场奸情引发的血案并没有让高阳公主有所收敛,她的面首众多。史有明文记载的奸夫有僧智勖,据说此人善于占卜。又有僧惠弘,据说此人也有异术,善于视鬼。此外还有道士李晃,此人善于医术。他们都与公主有私情。

这里有个疑问——高阳公主的奸夫为何皆是出家人?这与当时的文化背景有关。唐代妇女比较自由,社交较为广泛,但是男女之防还是要的。男女偶遇相谈没问题,但是要长久相处就必须有个借口,出家人可以讲佛法,行法术,经常出入达官贵人之家,有行动的方便。高阳公主的情人皆是出家人,就是这个原因。后来武则天的第一个情夫薛怀义就是以僧人身份进出宫廷的。

三、密谋造反

唐高宗当了皇帝,高阳公主并不服自己的这个兄弟。在她看来,唐高宗性格软弱，又不是嫡长子，所以这次她的胃口很大，不仅要在房家称王称霸，还想在全天下称王称霸，她谋划废掉唐高宗，另立荆王李元景为帝。李元景是何许人也？此人是唐高祖的第六子，换句话说是唐太宗的弟弟，唐高宗的叔叔。此人一直有野心，自己的侄子做了皇帝，他暗地不服气，曾在房遗爱等人面前声称自己做了一个梦，"元景尝自言，梦手把日月"（《资治通鉴》卷一九九《唐纪十五》）。他梦见日月都在他手里，那不就是要当皇帝吗？这么有野心的人，和有怨气的房遗爱、高阳公主联合起来，可谓一拍即合。

而且他们此时还找到了一批同党，比如柴令武夫妇。柴令武是开国功臣、凌烟阁功臣柴绍第二子，娶了唐太宗第七女巴陵公主。柴令武夫妇为什么和房遗爱、高阳公主联合起来呢？史籍记载非常有限，没有告诉我们具体原因。但是可以推测一下，其中包括两个原因：

首先，柴令武和房遗爱都不是家中长子，因此没有权利继承父亲爵位，对于他们来说，要想后来居上，只有出奇制胜。高阳公主曾撺掇自己的丈夫夺取哥哥房遗直的爵位，可用"不安其位"来形容其心态。自古大功莫过于拥立，所以古来新旧皇帝交替阶段，往往也是野心家蠢蠢欲动的时刻。

其次，房遗爱、柴令武有前科，他们与唐高宗原本就是对头。唐太宗在世的时候，他们曾参与过魏王李泰的夺位之争，当时魏王李泰和太子李承乾争位，暗地里曾经广结朝臣，"时皇太子承乾有足疾，泰潜有夺嫡之意，招驸马都尉柴令武、房遗爱等二十余人，厚加赠遗，寄以腹心"（《旧唐书》卷七六《濮王泰传》）。后来魏王李泰和太子李承乾双双被废，晋王李治也就是唐高宗成了笑到最后的人，所以说柴令武和房遗爱可能一直担心唐高宗翻旧账，于己不利。

也正因为如此，他们才一拍即合。此时，他们还得到了一个强力外援——薛万彻。薛万彻是唐太宗时期的猛将，也是位驸马，他因事受处罚被贬。此人原本就是个赳赳武夫，曾经是太子李建成的铁杆，玄武门事变后归降唐太宗。对唐太宗他还是忠心的，但对唐高宗则不然。被贬导致他心怀怨气，因此他跟房、柴等人走到了一起，他明确表示说："若国家有变，当奉司徒荆王元景为主。"（《资治通鉴》卷一九九《唐纪十五》）柴令武本来要去外地当官，但是此时借口说巴陵公主有病要在长安治病，自己要照顾，从而滞留在长安与同伙紧锣密鼓地进行谋划。

这个集团阴谋的败露还是高阳公主导致的。此女果然是个成事不足败事有余的人，密谋如此惊天动地大事的同时，她还不忘跟丈夫的哥哥房遗直争夺爵位和家产，这就反映出她的小家子气，这种人能成大事业就怪了。

这次她突发奇想，欲以绯闻打倒房遗直，"使人诬告遗直无礼于己"（《资治通鉴》卷一九九《唐纪十五》）。她告房遗直非礼自己。桃色事件历来是政治斗争的工具之一，高阳公主竟然来了这么一招。她一生以淫荡而著称，没想到能以"非礼"罪名诬告他人，可见桃色新闻这根棒子是多么顺手好用。但是，这次房遗直也撕破脸皮了。在父亲刚去世时，弟弟、弟媳争位，他还曾经想退让，这次高阳公主做得太过分了，把他逼到了死角里。高阳公主不知，此时房遗直手里已经掌握了他们夫妇二人造反阴谋的证据，这次官府问案，房遗直干脆一不做二不休，正式举报弟弟、弟媳谋反，并且表示："罪盈恶稔，恐累臣私门。"（《资治通鉴》卷一九九《唐纪十五》）意思是他们恶贯满盈，要是不告发，早晚要连累到我自家。唐高宗听了大吃一惊，他刚当皇帝没多久就有这么大的一场阴谋，实在是令人震惊。于是他派遣长孙无忌审理此案，长孙无忌当时还是朝中第一臣，由他亲自审问，可见案件有多重大。

审讯的结果属实。而且长孙无忌也不地道，顺手把吴王李恪也诬陷为阴谋集团成员。李恪与此事完全无关，就因为唐太宗生前最喜爱他，一度想传皇位给他，所以长孙无忌一直记恨他，于是借这个机会把他牵连进来了。而且有证据表明，长孙无忌利用的就是懦夫房遗爱。房遗爱一生逞强且懦弱，又怕事，事到临头了，又到处乱抓救命稻草，此事在《册府元龟》卷一五二有记载。当时唐高宗亲自问案，对房遗爱说："与卿亲故，何恨遂欲谋反？"

房遗爱曰："臣包藏奸慝，诚合诛夷。但臣告吴王恪，冀以赎罪。窃见贞观中，纥干承基、游文芝并与侯君集、刘兰同谋不轨，于后承基告君集，文芝告刘兰，并全首领，更加官爵。"意思是，自己罪责属实，诚当万死，但自己举报了吴王李恪，希望能将功折罪。他还列举了贞观时期李承乾、侯君集谋反案中的同等事例。纥干承基是唐太宗原太子李承乾的人，与太子谋反事件有关。贞观十七年（643年）四月，纥干承基上书告发太子谋反，唐太宗准其将功折罪，于是纥干承基被任命为祐川府折冲都尉，封爵平棘县公。刘兰也曾参与这场谋反，当时鄠县（今户县）县尉游文芝因罪下狱当死，告发其阴谋，刘兰以谋反腰斩，游文芝免罪。房遗爱希望唐高宗援例处置。

但唐高宗曰："卿承籍绪余，身尚公主，岂比承基等，且告吴王反事，无乃晚乎？"你是驸马，与我关系亲近，岂是纥干承基、游文芝可以比拟，意思是你谋反的话罪过更大，而且你现在举报吴王，为时晚矣。

房遗爱这种软弱无骨气的举动，大概也能从侧面说明他为什么会被高阳公主牵着鼻子走吧。被一个充满野心又无能的老婆牵着走，势必堕入地狱。

永徽四年（653年）二月，案件审结，"诏遗爱、万彻、令武皆斩，元景、恪、高阳、巴陵公主并赐自尽"。一代"天骄"高阳公主就这样死去了。

唐高宗显庆时，又追赠高阳公主为合浦公主。唐高宗这样做的动机史无明文，无从推测，大概只能理解为毕竟血浓于水吧。

第六讲　日常生活中的武则天

　　武则天是中国历史上最有名的女人之一。她不是只与政治斗争紧密相关，她的生活状态好比一幅画卷，时而鸟语花香，时而疾风骤雨。随着这副画卷的展开，我们可以看到一个宽广的世界，比单纯的政坛更加广阔的世界。

　　这一讲，我们将涉及武则天的相貌、美容保养以及她的饮食和修身养性，希望通过这些为读者展现一个丰满立体的武则天。

一、相貌之谜

　　武则天是一位美女这是毫无疑问的，要不然她也不会被唐太宗看中，封为才人。但是武则天究竟长什么样子呢？我们可以从文字里探知一二。据说太平公主最像武则天，史书对太平公主的相貌是有记载的，

"公主丰硕,方额广颐"(《旧唐书》卷一八三《外戚传》)。她体态丰腴,脸蛋很饱满,额头也比较宽,这符合唐代的审美标准。史书说"则天以为类己",所以武则天也一定是这个样子。

另外,武则天个头可能不低。由于遗传基因的缘故,武家可能个子都不高。史书有记载的武懿宗、静乐县主,都是小个子,但是武则天是个例外,有唐代文献说"武氏最长,时号'大歌'"(《朝野佥载》卷四)。这里"长"念cháng,不念zhǎng,武则天绝不是他们家族里辈分最高的,那就是说,她的个子是家族里最高的,是不是矮子里拔将军呢?武家人都矮嘛。这不好说,但起码可以说武则天个子不低吧。

20世纪80年代,陕西扶风县法门寺地宫被发现,石破天惊,出土了大批精美文物。根据地宫物帐碑的记载,在唐朝皇室馈赠给法门寺的物品中有"武后绣裙一腰"。多么珍贵的文物啊,武则天生前穿过的绣裙——要是它被完全复原出来,那咱们可就有条件八卦了,量一下不就知道武则天腰围、身高了嘛。但遗憾的是,这件绣裙出土时和其他丝织品一样,朽坏得很厉害,叠成一团,难以分辨真面目。可以理解,在地下都一千多年了嘛。这件绣裙现在被妥善保管在文物部门的库房里,中外专家正联手尝试修复,我们还需要耐心等待。

虽然史料里有各种线索,但都是文字记载而已,武则天没有一张可信的画像流传下来,尤其是与她同时代的人给她画的像。大家见到的流传比较广的一幅画像出自《历代古人像赞》。这是明弘治年间画的,服饰有很多和唐朝不符合的地方,只可以看作明朝人的想象,可信度很低。而且把武则天画

《历代古人像赞》中的武则天像

得阴阳怪气的,请注意那图上的文字:"屠虐宗支,毒害忠良,攘窃神器,淫秽纲常。"据此可知,这幅图的作者是站在传统的封建价值观基础上对武则天大加指责的,要不然怎么画成这样呢?

历史上还有几幅画,人们推测里面有武则天,但是都缺乏过硬的证据。比如,《唐后行从图》被认为是唐代著名大画家张萱的作品。张萱与武则天基本同时代,这如果真是他创作的,那图中"唐后"是武则天的可能性就很大了。那么,是不是呢?我们来看一下今人临摹的《唐后行从图》,原画已经比较模糊了,这幅临摹的画里"皇后"的形象比较清晰,的确符合史书中记载的武则天的体态特征,所以有现代学者据此认为这幅画像就是描绘武则天的。可是问题在于,这幅画是不是唐代的还有疑问。有人根据其中出现的太湖石以及竹子的画法,认为其恐怕是宋以后的作品,而且这幅画也没有题记文字,所以

唐后行从图(今人临摹)

很难断定画的就是武则天。

还有一些雕像也被认为有可能是按照武则天的真容塑造的，最著名的就是洛阳龙门石窟的卢舍那大佛。

大佛净高十七米以上，是龙门石窟第一大佛，十分雄伟壮观。有一种说法是，这尊大佛的脸是按照武则天的相貌雕刻的，理由是修建这尊大佛的是高宗皇帝，武则天当时把脂粉钱也捐出来赞助。按照古人的传统，捐钱的"供养人"会通过某些方式，比如壁画、雕像等，把自己的形象留在佛祖身边。但是一般来讲，将自己的脸直接安到佛祖身上的并不多见，尤其此时武则天还只是皇后，她敢不敢如此大胆还是个疑问，起码没有史料做直接的依据。有关大佛建造的历史记载，主要是刻在这里石壁上的《河洛上都龙门山之阳大卢舍那像龛记》，里面说大佛是咸亨三年（672年）唐高宗下令修建的，"皇后武氏助脂粉钱二万贯"。至于佛像的面部形象依据了什么，没有提及。武则天要是真的敢把自己的脸留在这里，也就敢在文字里提这事儿，但是没有任何文字资料记载此事。只是因为这尊大佛的形象很接近《旧唐书》里"方额广颐"的记载，所以人们就产生了很多美好的遐想。那到底是不是呢？谨慎一点说，我们无法肯定，也无法完全否定这种说法。

武则天小时候在广元生活过，四川广元皇泽寺里也有她的塑像，可能是有所依据的。但是原件已经损坏，现存的是后世翻修的，所以也很难说能在多大程度上反映武则天的真容。

龙门石窟卢舍那大佛

二、养生达人

《新唐书》记载："太后虽春秋高，善自涂泽，虽左右不悟其衰。"武则天下台时已经年过八十，但身边的人也不觉得她像个八十岁的人，因为武则天很善于保养，据说她有秘方。唐代医学家王焘写的《外台秘要》里记载过一则"近效则天大圣皇后炼益母草留颜方"，有兴趣的女性读者不妨试一试。不过也是非常麻烦的，主要材料是五月五日采集的益母草。采的时候根上不能带土，晒干，用一个泥炉子将其烧成灰，用水搅和。然后让它发酵，捏成鸡蛋大小的团子，再晒干，再用炉子烤，烤的时候还要注意不能烤得发黄发硬，要烤出白色。最后用玉锤研碎，再筛，连续研三天，这才是成品。用它洗脸洗手，据说可以使皮肤白嫩。

这个制作方法确实复杂。原材料倒是不算难得，就是这制作过程太麻烦了。她的女儿太平公主受她的影响，也善于保养。据说太平公主也有一个美容方，是唐代一本叫作《韦氏月录》的书记载的。方法比较简单：七月七日取乌鸡血，和上三月三日收采的桃花末，用来涂脸。据说三日就有效，可使皮肤白皙。这个简单点，就是满脸鸡血有点儿吓人。

武则天相貌与年龄的视觉误差曾导致她的儿子唐中宗产生了强烈的心理震荡。怎么回事呢？神龙政变发生，武则天被推翻，心情很差，再加上病痛折磨，所以也没心情保养化妆了，结果一下子老态龙钟，完全成了八十多岁人的样子。唐中宗去看望母亲，他已经习惯了自己母亲那副年轻的面孔，一进门就大吃一惊：母亲如此苍老，和以前简直是判若两人。唐中宗大为伤心，他应该是觉得正是自己使得母亲变成了这个样子，所以非常内疚。这也告诉我们，最好的保养品是好心情，心情不好相貌也就跟着遭殃了。

要说这事儿对唐朝政局也产生了不小的影响。后来武则天去世了，唐中宗亲自护送母亲的灵柩回长安，想把武则天埋到乾陵。但是有大臣反对，理由是卑不动尊。武则天去世前特地留下遗嘱，去帝号，号"则天大圣皇后"。既然是皇后，那就不应该打开乾陵地宫。乾陵地宫的墓道是用石头填塞的，石头之间用铁连接，要想打开必须费很大的劲儿，大臣们认为这样会惊动高宗皇帝的灵魂。但是中宗皇帝还是力排众议，将武则天葬入乾陵。

为了维护母亲的形象，唐中宗很反感大家称他为"中兴之主"。"中兴"本是朝廷内外许多人共同的期待，希望他成为带领大唐复国并且中兴的领袖。但是，唐中宗自己不认可。他刚刚复位时，天下很多寺庙、道观都改名"中兴寺"或者"中兴观"，表达对李唐复国的欣喜。可是后来唐中宗却下令，所有叫"中兴"的寺庙或道观一律改名"龙兴"，不许任何人说"中兴"。唐中宗这样做无非是表示不愿意与自己的母亲划清界限，所以他也很亲近武家子弟，这也就为后来一系列的宫廷政变埋下了伏笔。要想探究唐中宗这样做的心理动机，原因可能很复杂，但是起码可以肯定的是，武则天容貌的变化对他来说具有足够的心理冲击力。

三、女皇的餐桌

武则天爱吃什么，平时吃什么，大家也很想搞清楚。但是很可惜，这方面的史料实在是太稀缺了，民间倒是有一些传说。

洛阳是武则天最爱的城市，她当皇帝后的大部分时间是在这里度过的。洛阳有个著名的水席，头道菜叫作燕菜，据说就和武则天有关系。说是有一年洛阳郊外菜农种出一个重三十多斤的大萝卜，菜农视其为祥瑞，便将其进献给武则天。武则天让御厨把它做成菜，御厨们心想萝卜能做出什么来啊，但是又不能不做，于是把萝卜切成花形，配上山珍海味烹制成一道汤菜。武则天吃了赞不绝口，因为那萝卜切得酷似燕窝丝，当即赐名为"假燕菜"。从此，这道菜风靡开了。现在您去洛阳吃水席还有这道菜。洛阳人民对武则天很有感情，所以把洛阳最有名的菜式和她挂上钩，可以看作是一个美好的传说。但这只是个传说而已，唐代没有文献记载。

唐代饮食还处于发展阶段，中国的烹调体系还没完全形成。例如炒菜，唐代很可能没有炒菜，或者说即便有也很罕见。但是，这不妨碍贵族饮食的奢靡。

《说郛》卷九五记载了唐代韦巨源宴请皇帝的烧尾宴的菜单。因为这个菜单实在是太长了，这里摘取了其中的一部分。光明虾炙，就是烤生虾；红罗丁，是用肥肠和动物的血做的；巨胜奴，把面粉和上蜜再和上动物油脂，然后炸；贵妃红，就是加红点的酥皮点心；吴兴连带，就是生鱼片；甜雪，就是用火烤蜜糖；玉露团，就是奶酥雕花，这还考刀工呢；格食，羊肉羊肠子羊内脏加上豆荚一块儿烹煮；水炼犊，小牛肉微火慢炖；西江料，就是粉蒸肉；白龙，就是鳜鱼丝；仙人脔，就是用奶煮鸡块；凤凰胎，就是鱼的胰脏；小天酥，鸡肉和鹿肉掺和；鸭花汤饼，就是加鸭肉的汤面条；等等。大家从这儿就可以看出贵族饮食的奢靡了。或许这纯粹是给皇帝炫耀，皇帝就是一道菜吃一口也会撑破肚皮的。

烧尾宴是武则天的儿子唐中宗曾经吃过的。武则天要想奢靡的话自然更有条件，但是武则天的饮食恐怕没有大家想象得那么奢侈，为什么呢？这跟她的宗教信仰有关。武则天是个虔诚的佛教信徒，中国的佛教徒从梁武帝时期就开始断绝酒肉了，武则天出过家，当了皇帝后也终日礼佛，所以她很可能吃素，或者说在一定时期内吃素。而且她还想把吃素推广到全国。她曾经下令天下禁屠，禁止屠杀牲畜那就是不让大家吃肉嘛。这个决策纯属想当然，不仅造成畜牧产业的损失，也遭到民众甚至官员暗地里的抵制。

这可以理解，人本来就是杂食动物，你把吃肉的乐趣给去了，臣民做不到啊。《御史台记》记载了这样一个故事，可以看得出底下人实际上都在暗地违反禁屠令。故事的主人公是娄师德，当时他担任御史大夫，到陕州出差。吃饭时厨师端上一盘肉，娄师德说："这怎么回事？

皇上禁屠，你这肉哪里来的？"厨师回答："这是被豺咬死的羊。"娄师德听了嘿嘿一笑："嗯，这豺真懂事。"于是甩开腮帮子大吃起来。一会儿厨师又端上一盘鲙，鲙就是切成细丝的鱼肉。娄师德又问："这鱼肉哪里来的？"厨师回："这是豺咬死的鱼。"娄师德大笑一声："蠢货，你家豺能咬死鱼？你应该说是水獭咬死的。"

《资治通鉴》还记载了一个故事，有个叫张德的人，职务是右拾遗，他生了个儿子，摆席宴请同僚，私下杀了一头羊。结果宾客中有个叫杜肃的家伙悄悄藏了一块肉，回来后就向武则天举报，说张德违反禁屠令。第二天，武则天见了张德说："恭喜啊，听说你家生了一个儿子。"张德拜谢。武则天紧跟着问："那肉是从哪里来的啊？"张德一听吓出一身冷汗，立即跪倒谢罪。武则天徐徐地说："我的禁屠令，限制的是平常时候杀生，家有红白喜事的话不在限制范围内。我劝你一句，以后请客吃饭，你要好好选择一下宾客呢！"然后就把杜肃告状的表给了张德。杜肃从此抬不起头来，满朝文武都讨厌他。

从这个事大家可以看到，武则天在大是大非面前从来不含糊，禁屠令无关宏旨，而必须把奸佞小人晾出来，非如此无以整肃官场风气，所以说武则天是个做事极有分寸之人。

四、修身养性

中国书法源远流长，很早就发展成了一门独立的艺术。魏晋南北朝是中国书法史上第一高峰期，隋唐时也涌现过一大批优秀的书法家，其中就包括武则天。中国人很早就把书法视为修身养性的手段，武则天保养得好，也许多多少少和爱好书法有点关系。

唐代窦臮（jì）写过一篇回顾书法历史的文章叫《述书赋》，其中上篇里说："今记前后所亲见者，并今朝自武德以来迄于乾元之始，翰墨之妙可入品流者，咸亦书之。……唐四十五人：神尧皇帝、文武圣皇帝、则天武后……"窦臮是唐中期人，他认为从唐朝建国到唐肃宗时期能称得上书法精妙的一共四十五人,其中包括欧阳询、褚遂良、虞世南等,还包括唐高祖、唐太宗和武则天。

这还真不是窦臮拍马屁,这几位皇帝包括武则天的确是书法家。武则天善于写飞白书和行草,其他字体也不差。至今我们还可以看到武则天亲自书丹的《升仙太子碑》,原碑在河南偃师县。碑文是用行草书写的,据说这是中国第一块以行草书写的碑,反映了武则天突破常规、大胆试探的做事风格。她的行草被历代书法家奉为精品。

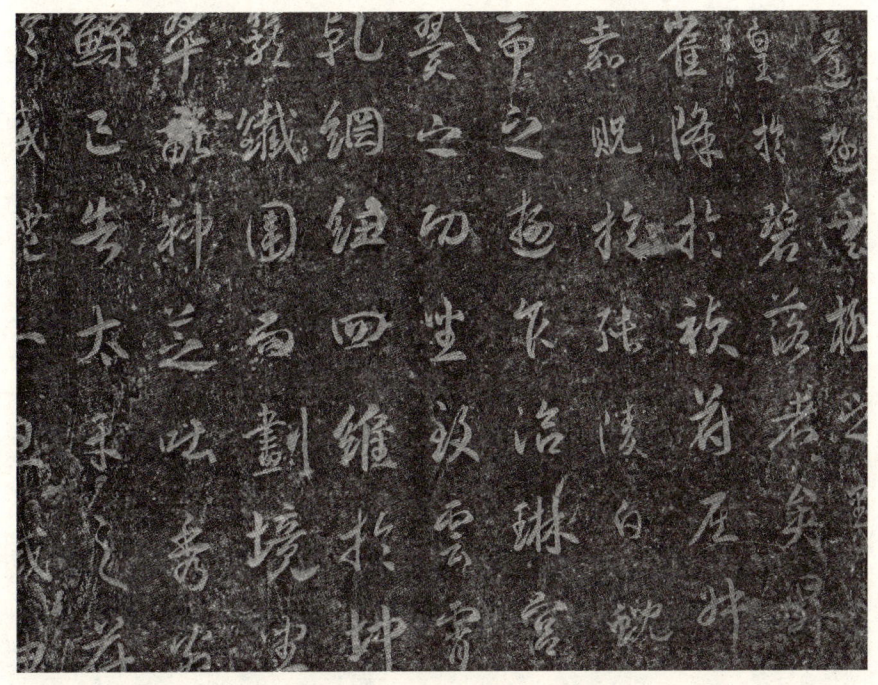

《升仙太子碑》(局部)拓片

武则天当了皇帝之后,更有条件精练书法了,因为唐代宫廷内书法精品实在是太多了,这全要归功于唐太宗。唐太宗是个收藏家,尤其热爱魏晋时期的书法,比如"二王"的作品,常以重金四处求购,还组织褚遂良等人做鉴定,所以唐朝宫廷内有大量的书法精品,包括著名的《兰亭集序》。这样,武则天就有很多的书法经典可做字帖。武则天自己也曾经搜集"二王"书法。《法书要录》记载,武则天手下有个大臣叫王方庆,是东晋著名宰相王导的第十世孙,家中有历代先祖书法作品,这里面包括王羲之的,当时只剩一卷了,加上其他王氏先祖的作品一起献给了武则天。武则天要,王方庆敢不给吗?这是无奈献出。但是没想到,武则天下令调集书法高手,将这些书法作品临摹了一遍,然后把临摹品留在宫内,不仅把原件还给了王方庆,而且还用各种宝物织锦将这些书卷重新加以包裹。人们都称赞武则天这事做得有分寸,仁义。

唐代有个学者叫武平一。他是武家子弟,小时候在宫廷里生活过,所以他说的宫内的事情应该有较高的可信度。武平一写过一篇文章叫《徐氏法书记》,描述了宫内各种书法藏品,其中有这样一句话:"洎大圣天后御极也,尤为宝啬。"就是说武则天登基后,对宫里这些书法藏品特别爱护,甚至已经到了抠门的地步。唐代《法书要录》记载,有一次,武则天当着群臣的面品评朝中大臣们的书法,其中品评到狄仁杰,她夸赞狄仁杰"能书",也就是说字写得好,这对狄仁杰来说是莫大的荣誉啊。狄仁杰很谦虚,说:"我那是凭着天性瞎写的,算不上写得好。关键是我自幼没见过古人书法精品,所以写字全靠感觉。"武则天一听,啊?当朝宰相都这么可怜啊,没见过真家伙?于是她下令从大内库房里拿出"二王"真迹二十卷,然后派一个五品的宦官带着给诸位宰相看。大家欣赏完,心里想着:能不能留给我们临摹一下啊?没想到那宦官一看:都看完了是吗?就把那些书法一卷,拿回去了。哦,敢情就只是给宰相们扫一眼啊。武则天为什么这么小气?因为爱惜这些文物精品嘛。

说到这里,有个重大问题需要辩白一下,那就是王羲之《兰亭集序》的下落。《兰亭集序》是王羲之书法的代表作,大概也是中国书法史上最有名的作品。但是它现在已经失传了,现存的版本都是后人临摹的,原件去哪里了?现在最盛行的说法有两种:

第一种说法,被唐太宗带入了昭陵。

这个说法有大量的唐代文献做支撑。比如《法书要录》、《独异志》、何延之《兰亭记》、韦述《叙书录》等等,都记述过这件事情,但各自的版本还不大一样，综合起来是这样的：唐太宗生前最爱王羲之书法，尤其钟爱《兰亭集序》，所以在去世前他对太子李治说，你要是孝顺的话，就把《兰亭集序》给我陪葬吧。唐高宗听从了父亲的嘱托，将《兰亭集序》放进了昭陵地宫中。

第二种说法，被武则天带入了乾陵。

这种说法最近这些年颇为流行。支持这个观点的人指出，唐太宗的昭陵在五代时期被军阀温韬盗掘了，出土珍宝无数，可是没有提到《兰亭集序》，可见《兰亭集序》没有进入昭陵。虽然唐太宗死前想让《兰亭集序》陪葬，但唐高宗也喜欢《兰亭集序》，于是违背了父亲的遗嘱，悄悄藏起来了，后来被武则天带入乾陵了。

这个论据有问题，为什么这么说呢？

第一，没有史料能支持这个说法。这是这个说法最大的问题。

第二，逻辑上有问题，不在昭陵就肯定在乾陵吗？难道唐代就这两个陵或者说就这两三代皇帝吗？

第三，说温韬盗墓没看到《兰亭集序》是对史料的误解。《新五代史》记述这件事："床上石函中为铁匣，悉藏前世图书，钟、王笔迹，纸墨如新，韬悉取之，遂传人间。"就是说昭陵地宫棺床上的确有铁盒子，里面有书法作品，其中包括钟繇（yóu）和王羲之的，而且保存得还不错。的确，这里没有直接提到《兰亭集序》，但是谁能保证所谓"钟、王笔迹"里不包含《兰亭集序》呢？史书作者在这里没有一一列举作品的名字，无非是因为温韬当时盗掘到的书法作品较多，所以一言以蔽之——钟、王笔迹。他哪里知道21世纪的人对《兰亭集序》那么感兴趣啊。

有人可能要问，如果《兰亭集序》出来了，又去了哪里？为什么不见踪影呢？我想有两个可能：第一个可能是，被温韬毁坏了。温韬是劫匪出身，起起武夫，他可不懂得欣赏什么书法，他挖掘唐陵的目的很简单——奔着金银玉器去的，这些书法不入他的法眼。宋代的《爱日斋丛钞》记载："温韬发昭陵所藏书画，亦剔取装轴金玉而弃之。"就是说他把装饰着金玉的书画轴都拿走了，他喜欢这个，书画本身被他当作垃圾毁掉了。第二个可能是，落入温韬外甥郑玄素手里了。《旧五代史》记载，郑玄素是温韬外甥，温韬死后，他在唐陵里盗掘的书画就归了郑玄素。郑玄素后来当了隐士，《兰亭集序》是不是跟着他进入了深山，然后消失了呢？没有史书记载，这个就不好说了。

总之，没有史料能证明武则天把《兰亭集序》带入乾陵了。

下一讲，我们将继续讲述武则天的时代印记，讲述她对建筑的独特理念、对文字的改革，她的改革与我们现代人还密切相关呢。另外，还要讲述她所经历的重大险情等等。

第七讲　武则天的时代印记

武则天是唐代乃至整个中国历史上最具性格的女人。她的一生像一条大河，奔流在中国历史中，尽管一千多年过去了，河水干涸了，但是却留下了无数的鲜明痕迹。

这一讲我们就来看看武则天留下的这些痕迹。

一、改革科举

武则天很重视科举，这和她的经历有关。唐朝前期还有贵族政治的残余，朝廷内有关陇集团，朝廷外有山东旧贵族势力。武则天呢，武家是小姓，被贵族们瞧不起，武则天全靠自己的力量逐渐走上高位，在这个过程中她没少和关陇集团对抗，甚至出现了双方对骂的热闹景象。武则天上台后，特别注意扶持中低级官员，提拔庶族人士，用来取代旧有的权贵阶层，所以她对科举十分重视。她对中国科举发展做出了巨大贡献，这体现在对科举的三项改革上。

1. 巩固殿试

武则天之前的科举，主要由官员负责组织考试、发榜，考生和皇帝不直接见面。但是从唐高宗开始，开创了一种新制度——殿试。皇帝当主考官，在大殿上亲自选拔人才。既然有官员负责考试，皇帝亲自主持考试又有什么意义呢？这个意义是非同一般的。为什么呢？在中国人的伦理观念中，除了父子、母子关系之外，最亲密的关系，就是师生关系了，所谓"一日为师终身为父"，师生关系是一辈子的关系。由皇帝主持考试，就意味着参加考试的人都算作"天子门生"，这样除了冷冰冰的君臣关系之外，考生与皇帝之间还能建立起一种温情脉脉的师生关系，从而拉近了考生与皇帝之间的距离。这些青年才俊都是国家未来的希望，长治久安就指望他们呢。

《旧唐书》记载，唐高宗在显庆四年（659年）春季亲自主持考试，在九百名考生中选拔了张九龄等青年才俊，这算是中国殿试之开端。但是人们总说武则天是这个制度的创立者，为什么呢？因为唐高宗这次考试是临时举措，没有形成制度，而武则天则把这件事制度化了，规模也更大。武则天做事很认真，一个个考，一考就是好几天，可谓盛况空前，从此殿试就成了惯例。所以《册府元龟》和《资治通鉴》都说，殿试是武则天创造的。此后历朝历代皇帝都举行殿试，进士们也自豪地说自己是"天子门生"。

2. 开设武举

一说武举，武状元，好多人就想到苏乞儿。武举的创办人就是武则天。武则天时期，国家承平日久，老百姓习惯太平日子了，很少有人懂得打仗，再加上府兵制也逐渐瓦解，所以平民很少接触军事训练，国家兵源质量堪忧。几次边境战争都体现出军队战斗力开始下降，这不是个好兆头。

而且还有一件事曾经刺激了武则天。武则天曾经组织群臣举办射箭比赛，而且还设立了奖金。没想到最终拿了前几名的都是番将。什么叫番将？就是在唐朝、武周担任将领的汉族以外的人。唐朝历史上有很多番将，他们是武装力量的重要组成部分。这次射箭比赛的总冠军是泉献诚，高丽人。高丽民族自古以来善射，泉献诚也不例外。拿了冠军，泉献诚却没有表现出高兴来。他对武则天说："请陛下以后停止举办这种比赛吧。您举办比赛，拿名次的都是番将，外敌听说了，一定就知道中原尚武精神已经败落，就会产生轻中华之心。所以，以后还是别办了吧。"

武则天听了他的话，恐怕多多少少都是有些尴尬的，射箭比赛就此停办了。可是问题在于这属于鸵鸟政策啊，不办比赛了，眼不见心为净了，可是尚武精神败落这事还是存在，该怎么办呢？武则天一直挂念这事儿，而且几次边境战争的确体现出军队战斗力下降，武则天真的着急了。

武举就是在这种背景下开始举办的。根据《通典》的记载，武举是长安二年（702年）开始举办的，考试程序和科举是一样的，内容则涉及射箭、骑术、负重、枪术等，还要看身材和口才，嘴笨还不行。

举办武举的目的和科举一样，都是鼓励年轻人投身其中，去练武，去参军。以前靠考试就能当官，现在靠考试也能当军官啦。武则天就是这样培养尚武风气的。

武举的举办应该说是相当成功的，后世历朝历代也延续了这个考试，而且武举还真的是能培养出杰出人才的。不说别人，郭子仪——平定安史之乱的一号功臣、唐朝的再造之臣——就是靠武举选出来的。他身高一米八以上，而且一身好武艺。一个郭子仪，就足以证明武举的价值。

3. 加试杂文

唐代文学是中国文学史上的巅峰，人们常说"唐诗宋词"就是夸赞唐、宋两个朝代文学的兴盛。其实不论是唐还是宋，文学的兴盛都和武则天密切相关。为什么这么说呢？因为武则天进行了科举改革，大大促进了知识分子文学创作的积极性，改变了整个社会风气。唐代乃至后世的文学发展都要给武则天记一功。

武则天是怎么做到这一点的呢？她规定进士加试杂文，这促使青年学子在文章方面倾注了极大的心血，带动了整个社会风气的转变。《通典》里有这样一段话，可以看出武则天的改革带来的巨大影响："太后颇涉文史，好雕虫之艺。永隆中，始以文章选士。……父教其子，兄教其弟，无所易业。大者登台阁，小者仕郡县，资身奉家，各得其足，五尺童子，耻不言文墨焉。是以进士为士林华选。"

也就是说，从武则天时期开始，天下读书人都希冀以文采通过考试，获得荣华富贵，就连五尺童子，也耻于不通文墨。

从此以后，科举尤其是进士科获得了极大的发展。进士们的大名和他们的文章，往往可以十几天就传遍全国，传播速度可见一斑。天下人都仰慕他们，可以说一旦考中进士，光宗耀祖，一切都有了，雁塔题名，曲江宴饮，风光无限。到了唐朝后期，唐宣宗都羡慕进士，甚至在大殿柱子上书写"乡贡进士李某"，意思是他当个进士多好。您瞧，这就是进士的威力。

到了宋代，宰相中百分之九十都是进士出身，官僚政治完全取代了贵族政治，科举功不可没。后来进士们受欢迎到什么地步呢？谁考中进士，谁就是钻石王老五。每年发榜的时候可热闹了：里面一圈是考生，翘首以盼，等着发榜。外面一圈是各府的家丁，膀大腰圆的，干吗呢？等着抓人呢。一揭榜，一旦某个考生高兴地说我中了，立马扑上去，往轿子里一塞，抬回府里。干吗？给我家小姐当女婿。什么出身、籍贯，一概不问，只要是进士就可以。所以闹出过笑话，有一次发榜，一个大户人家抓住一个新科进士，人长得也帅气，进入府中，主人赶紧出来行礼说，我家有小女，年龄和您正匹配，想嫁给您，尊意如何？年轻人从容淡定，谢谢您的美意，没问题，就有一样，等我回去问问我老婆。有妇之夫你们给抬来干吗？急啊，都来不及问！宋朝人把这种行为叫作"榜下捉婿"。"捉"，这字多形象啊。

科举能如此发展，武则天功不可没。大家熟知的那些唐代大文豪，绝大多数都是武则天以后的人，李白、杜甫、白居易、杜牧、韩愈、贺知章等。武则天以前呢？您可能最多说出个"初唐四杰"来，为什么？这与武则天对文学的重视密切相关。所以，唐诗宋词，这个中国文学史上的辉煌，是武则天留在这个世界上的印迹之一。

二、创造新字

武则天掌权后造了很多新字，都是些常用字，比如天、地、日、月、星、人等，有人说她造了十七个字，有人说十九个，还有人说是二十个。而且她还给自己特地造了一个字——曌，意思是日月当空照。这是她登基之前给自己起的名字，取代那个"媚娘"，"媚娘"算什么，这"曌"字多霸气！

她为什么创造这么多新字呢？一言以蔽之——除旧布新。武则天希望自己的新王朝在各个方面都要与旧王朝有区别，要有新气象，那么文字大家每天都在用，造些新字，毫无疑问是时时刻刻提醒大家——这是个新时代了。

她造的这些字很有意思。比如"忈"，就是"大臣"的"臣"，一忠，体现出武则天对臣下的要求：天子之下，你们要忠心。

再比如"埊"，"大地"的"地"，山水土，大地可不是山水土组成的吗，多么形象啊。

还有一个"圀"字，四面八方就是国。武则天即位之初，有人建议造个新字取代原来的"国"字，既然是武氏的天下，那就在方框里放上一个"武"字，武则天采纳了。结果新字才用了一个多月就有人觉得不对劲了：方框里一个武，那不就是把姓武的囚禁起来了吗？多不吉利啊。武则天一听，对呀，赶紧改。最后改成方框里放上"八方"两个字。什么意思呢？"普天之下，莫非王土；率土之滨，莫非王臣。"

那为什么这些新字除了"曌"字其他的现在都不见了？因为她的这些新字政治意味太浓，所以当她被政变推翻之后，这些字就停用了。实际上，我们在唐后期的一些碑刻里发现还是有使用那些字的，但是已经很罕见了。只有"曌"字，因为是武则天的名字，所以到现在还在用。

这里还有一个问题需要辨明一下。有一种盛行的说法，说现在咱们在财务工作中经常使用的大写数字也是来自武则天。明末清初著名的思想家顾炎武在他的《金石文字记》卷三《岱岳观造像记》里就说："凡数字作壹、贰、叁、肆、捌、玖等，皆武后所改。"这个说法很流行，因为顾炎武学问很大，大家都把他的话当权威。虽然我个人对武则天是有好感的，但是事实归事实，这个说法可能是不正确的。顾炎武是根据他当时能看到的碑刻和书籍做出了这种判断，实际上现代学者在新疆吐鲁番出土的大批文书中都发现了大写数字，这些文书的年代从北凉一直到唐高宗，换句话说，在武则天之前几百年就已经有大写数字了。由此可见，顾炎武的论断是错误的。他那个年代还没有这些出土文书，所以也不能怪他。

三、人生足迹

武则天一生在很多地方都留下了足迹，除了皇宫之外，哪些地方和武则天的命运息息相关呢？我们就来看看这些与武则天命运相关的遗址吧。有些地方至今遗址尚存，身处其中，真的很有沧海桑田的感触。

1. 万年宫

万年宫也叫九成宫，位于陕西省麟游县，是隋唐时期最大的行宫之一，隋文帝时建造。后来隋炀帝疑似杀害隋文帝也是在此处。这里风景秀丽，气候宜人，但武则天不喜欢，为什么呢？

永徽五年（654年），唐高宗一行来到这里避暑。结果有一天夜里，暴发山洪，水势很大很急。宫殿就在河谷地里，形势很危险，据说卫士和民众死亡上千人。而唐高宗他们还毫无察觉，正在寝殿里睡觉。大门外的形势已经岌岌可危，寝宫大概地势稍高，暂时没有被冲着，但是也很危险了。最糟糕的是无人给皇帝报警——卫士们要么被水冲走了，要么逃命去了。看到形势如此危急，大将薛仁贵挺身而出，他早先在征辽过程中一战成名，当时官拜右领军郎将。

他说，哪里有宿卫之人不顾皇帝安危自己去逃命的道理，所以不顾安危，要发出警报，可是他没有宫门的钥匙，怎么办？他只好爬上宫门横木，冲着皇帝的寝殿大喊。唐高宗被惊醒，这才赶紧向地势高的地方跑，保住一条性命。事后将薛仁贵好好谢了一番。

虽然史书没有提到武则天在不在场，但基本可以肯定她在，为什么呢？因为此时正是武则天与王皇后、萧淑妃争宠的关键时刻，所以此时谁都要争取尽可能伴随着皇帝。隋唐皇帝常去万年宫避暑，一去就是小半年，武则天怎么可能在如此微妙的时刻不在皇帝身边呢？所以她一定在，并且和皇帝一起经历了这番惊险。这大概也就是武则天掌权后再也没有来过万年宫的原因之一，她讨厌这里。

2. 大明宫

大明宫是武则天留给长安城最辉煌的印记了。这座宫殿不是她创建的，为何要说是她留给长安城的呢？

唐朝建立之初，皇帝住在太极宫，这里地势比较低，潮湿闷热，所以唐太宗选择了长安城北面地势较高的地方修建了永安宫，也就是大明宫的前身，用来给太上皇李渊避暑用。永安宫还没建成，李渊就去世了，建造就停了，等于是个烂尾工程。

但是武则天却要大规模改扩建。为什么呢？因为此时唐高宗已经患了风病，风病发作的时候头晕目眩，眼睛都看不清东西了。唐高宗最后就是死于此病。当时的医学理论认为风病和居住环境有关，卑湿的地方不能住。而太极宫就是个卑湿之地，所以武则天就动了迁居的念头。迁到哪里呢？长安城基本布局早就定了，城内肯定是没地方了，于是她就看上了未完工的永安宫。

扩建工程声势浩大，武则天喜欢大兴土木，这算是她的第一个大手笔。宫殿规模宏大，分为大、中、内三个部分，将听政、议政和居住场所结合在一起，而且建筑个体都高大漂亮。通过大明宫含元殿复原想象图，大家可以看到这座大殿多么雄壮，无论是高度还是面积都超过了故宫太和殿。什么叫大唐气象，这就是典型代表。从此，这里就发展成了长安城三大内之首，皇权的象征。这是武则天的大手笔，是她向天下昭示自己政治抱负的产物。通过这座宫殿，她告诉天下：我开始拥有发言权了，我有着不拘一格的做事方式，我有除旧布新的魄力。

大明宫含元殿复原想象图

武则天除旧布新的举措可不止大明宫，洛阳城也是她的大手笔。

隋唐洛阳城的初建者是隋炀帝，而武则天最爱这里，她当皇帝后就把首都定在了这里，将长安降为西京。那么，为什么她喜欢洛阳而不喜欢长安呢？这里原因很多，最重要的有三个：

首先，适应经济重心之南移。从魏晋时期开始，南方获得了充分的开发，经济逐渐后来居上，到了宋代就完成了经济重心由北向南的转移，一直到现代，中国经济最发达地区仍然是南方。隋唐呢，正处于转型阶段。那么，为什么说住到洛阳是适应经济重心南移呢？洛阳和长安的纬度不是一样的吗？这个和大运河有关。隋唐时期，关中地区虽然农业依旧发达，但是人口的增长超过了土地承载力，隋文帝时期甚至发生过缺粮吃的事，皇帝带着大家去洛阳吃饭，美其名曰"天子就食"，实际上就是高级逃荒。隋炀帝上台后，废弃旧洛阳城，新修了一个洛阳城，就是今天的洛阳市，为什么呢？为了把统治重心转移到这里来。与此同时，还修建了大运河，大运河的中枢就是洛阳，这样南方的粮食可以方便地运到洛阳。那为什么不直接运到长安呢？洛阳到长安可以走黄河—渭河这一线嘛。那是因为三门峡一段河道狭窄，水流湍急不说，河中心还有块巨型礁石，自古以来毁船无数，这块石头有个名字，叫"中流砥柱"。它的存在，导致洛阳到长安的航运效率极其低下，满足不了长安对粮食的需求。所以说迁居洛阳，实际上是承认并且适应经济重心的逐渐转移。隋炀帝是这个心态，武则天也是这个心态。

其次，迷信心理。武则天不喜欢长安的宫殿，因为这里有冤魂。谁呢？萧淑妃。萧淑妃和王皇后都是武则天上位过程中的牺牲品，萧淑妃性格刚烈，尤其不服，临死前曾诅咒，愿来世武氏变为老鼠，自己变为猫，"生生扼其喉"。武则天是个非常迷信的人，她真的害怕，而且后来宫中还传言闹鬼，武则天更害怕了。《资治通鉴》记载："武后数见王、萧为祟，被发沥血如死时状。后徙居蓬莱宫，复见之，故多在洛阳，终身不归长安。"就是说武则天多次梦见王皇后、萧淑妃鬼魂作祟，于是从太极宫搬到蓬莱宫（即大明宫），没想到又梦到了，后来干脆就住在洛阳不回来了。这段记载有夸大，武则天不是终身没有回长安，她后来有个年号叫长安，就是因为那一年返回了长安才改元的。但是，武则天真的是对长安没感情，大概与她在这里经历过激烈的政治斗争和其他不愉快的往事有关。

最后，除旧布新。隋炀帝迁居洛阳和武则天迁居洛阳有共同点，那就是希望除旧布新，摆脱旧地域、旧势力对自己的束缚，武则天尤其如此。一个女人当皇帝，本就是石破天惊的大事，在这个过程中，武则天需要克服关陇集团和李唐宗室的重重阻力，而这些人的大本营就在关中地区，离开这里，就等于与旧势力来一个地理上的隔绝，用新人，建新城，立新朝。所以迁都洛阳是一个姿态，一个符号性事件。

也正因为如此，洛阳城里留下了武则天许许多多的印记，我们选其中主要的来看一看。

明堂。明堂是一种礼制建筑，传说上古天子都在明堂议事，所以儒生们总希望当今天子效法上古君王建明堂。可是明堂究竟是什么样子，没有明确的史料记载，所以儒生们争论不休，没个定论。光隋、唐两代就不止一次动议修明堂，然后交给儒生们一讨论就不了了之了。门该多宽？象征着什么？该有多少级台阶？该是圆的还是方的？隋文帝、唐太宗、唐高宗时期都是这样，你一个主意我一个主意，议论半天还是没修成。

武则天掌权后，她不听儒生们的议论，只跟北门学士们讨论，并于公元688年建造起明堂来，位置就在洛阳乾元殿旧址上。

根据记载，明堂分三层，上面两层圆形，下面一层八边形，每一处都有讲究，象征着四时、二十四节气等等。高九十多米，在当时是很宏大罕见的建筑。修建这样一个高层建筑，总共只用了一年多时间。

这个明堂后来多次着火，有人为的火灾，也有雷火，而且不止一次被雷劈。那是啊，不劈你劈谁呢，谁让你那么高啊？大家注意，明堂顶上貌似有避雷针，其实只是装饰物，不是避雷针，当时哪里有避雷针，所以这座建筑不止一次遭雷劈。到了唐玄宗时期，不得不把上面两层拆了，只保留了最底层，改回旧名乾元殿。

天堂。武则天下令在明堂以北修建了另一座高层建筑天堂，据说高

武则天明堂复原图

达一千尺,接近三百米了。其中容纳一尊大佛,有九百尺,据说佛的小指头上就可以容纳数十人就座。这个数字让人怀疑,估计有夸大成分。但天堂也是一座高层建筑是毫无疑问的,而且一定比明堂还高,因为《旧唐书》记载,站在它上面可以俯瞰明堂。后来,武则天的面首薛怀义对她不满,就一把火烧了它。武则天为了遮丑,不去追究他的罪过,还让他重建。

明堂、天堂这两座巨型建筑可以说是当时建筑技术的奇迹,令人叹为观止,充分体现了武则天不拘一格、雷厉风行的做事风格。而且,这两座巨型建筑都坐落在洛阳的中轴线上,向南直通龙门,可以说是地标性建筑。武则天的胸怀抱负就是开辟新天地,这就是新王朝的象征。

四、无字碑之谜

武则天死后和唐高宗一起葬在乾陵。而无字碑是乾陵最著名的文物，树立在乾陵前，到那里的人都跟它合影。无字碑为何无字，说法大约有三种：

第一种，武则天觉得自己的功勋文字无法表述，或者说千秋功过留待后人评说，所以留下空白的碑身。这个说法站不住脚，首先，它没有任何史料可以支持。其次，武则天临终前特地下令去帝号，以皇后身份下葬，她怎么还会那么高调地觉得自己的功勋文字无法表述呢？千秋功过留待后人评说也只是文学家的想象罢了，中国历史上还找不到这样的例子，而且碑身上原本有字格，只是没刻字而已。

第二种，无字碑无字的责任不在武则天，而在她的儿子唐中宗身上。皇帝陵前立碑记述生平，这是武则天创立的制度。第一块这样的碑就是乾陵前的《述圣记碑》，记述唐高宗的功德，由武则天撰文，唐中宗手书，就立在无字碑旁边。那么武则天死了，给她立碑的任务就应该由她的儿子唐中宗来完成。可是唐中宗该怎么写呢？他为难啊，这个碑文着实不好写啊。大家换位思考一下，您要是唐中宗，该怎么总结武则天的一生，尤其是涉及自己的那一部分？难道写"我当过皇帝，后来被我妈给赶下台了，后来我又当皇帝了，把我妈赶下台了"？这对母子关系实在是太奇特了，不好写。但是时不我待，唐中宗没当几年皇帝。先是太子李重俊叛乱，然后他本人就被女儿安乐公主毒死。紧接着李隆基联合太平公主杀死韦后、安乐公主、上官婉儿，然后李隆基又和太平公主斗，最后又发动政变铲除太平公主。接二连三的政变，等到形势稳定下来，皇帝已经换了两茬，没人再顾念这个碑了。

第三种，和禅宗有关。武则天晚年和禅宗著名僧人神秀有过往来，她儿子唐中宗也是神秀的粉丝，所以是否有这样一种可能，武则天和其儿子都受到了禅宗思想影响，不立文字。但也有学者指出，"文字"在禅宗里指的是佛经，即禅意需要顿悟，不需要佛经来传递，而且禅宗也并没有限制世俗人使用文字的意图。

不管哪个说法是正确的，需要提醒大家注意的是，唐中宗定陵前也曾有无字碑，"文革"时被毁掉了。但据说也十分高大，这块碑也无字，所以要探讨武则天无字碑为何无字，不能撇开唐中宗的这块无字碑，它们出现的原因应该是有关联的。

　　武则天是耀眼的流星，她在空中划过的那道亮光久久不曾消散，不管人们对她怎么评价，谁都不能否认她的耀眼光芒。

第八讲　太平公主的前半生
——青少年时代

　　太平公主的名气实在是太大了，除了是武则天的女儿之外，她本身也有极为丰富的事迹。她是最像武则天的人，也是最有可能继承武则天事业的人，但也是命运悲惨的人。太平公主呼风唤雨、最为风光的那段时光，是在武则天晚年到唐中宗、唐睿宗时期，太平公主的个性、才干都展示在这个阶段。那么，此前的太平公主有哪些事迹？她的所作所为难道是突发奇想，没有一个发展过程吗？有，可以说，太平公主的青少年时代决定了她的一生。她的优点、缺点，她的辉煌和她的失败，都在这个时期埋下了伏笔。现代心理学家指出，青少年时代对人的精神状况的塑造有非常重要的作用，太平公主自然也不会例外。

　　怎么定义太平公主的青少年时代呢？从什么时候到什么时候呢？这

得先确定她的生年。说这个干吗呢？为的是强调一下太平公主的排行对她一生的影响。

史书中没有明确记载太平公主的出生年月，学界有一些猜测，基本上可以确定她生在公元663年到664年之间，为什么呢？因为她上面有四个哥哥，其中四哥李旦生于公元662年六月，满打满算太平公主也不会生于公元663年之前。她也不会生在公元664年三月以后，为什么呢？因为这一年三月高宗下令追封长女为安定公主，既然说"长女"，言下之意一定已经有次女了，次女是谁呢？就是太平公主嘛，所以太平公主的出生时间应该在此之前不久。因此，到武则天690年登基时，太平公主是二十七岁左右，她的青少年时代即到此时为止。

一、母爱的财富与枷锁

武则天一生有四子二女，太平公主是最小的，宝贝疙瘩一个。武则天不是一位普通的女性，因此也没有一般女性的儿女情长，她做事够决绝，大家也能理解，在那个男权社会里她做事不绝就不会成为女皇帝了。很难说她对子女有正常人的母爱，但是对太平公主则不然，非常喜爱，可以说，她几乎把对儿女所有的爱都集中在太平公主一人身上了。这是为什么？我想原因有如下几个：

1. 太平公主酷似武则天

《旧唐书》记载："公主丰硕，方额广颐，多权略，则天以为类己。"也就是说公主体态丰满，额头方正，脸蛋饱满，这符合唐代的审美标准。唐代的审美标准就一个字——大。以胖为美嘛。要不是这条史料，大家也不知道武则天长什么样，因为史料中也没有记载过武则天的相貌，只知道她是个美女，从太平公主相貌像她这一点来逆推，武则天也应该是方额广颐。而且太平公主心眼多，脑袋灵，这一点武则天觉得也像自己。

2. 弥补失去长女的缺憾

在太平公主之前武则天曾有一个女儿，就是前面提到的安定公主，这个孩子在襁褓之中就夭折了。这事儿很著名，很多史料中都说这个孩子是被武则天自己掐死的，以嫁祸给当时高宗的正宫王皇后。不过这事儿本身就存疑：首先，史料记载不一，有的说是武则天杀的，有的则只说公主死了。其次，后来废掉王皇后的诏书里没提这事儿，只说王皇后和萧淑妃谋行鸩毒，假如这事儿真的有，又已经嫁祸给王皇后，为什么不继续用这个罪名？再次，逻辑上讲不通。据说武则天是瞒着所有人悄悄掐死自己的女儿的，可问题在于武则天断然不可能跟别人说这事儿，那么谁看见了？这件事不排除是那些讨厌武则天的人给她编派的，那时候婴儿的夭折率是很高的，小公主可能是正常死亡。

不管怎么样，失去长女对于武则天来说一定是个打击，尤其是那个时期正是她和王皇后、萧淑妃的宫斗如火如荼的时候，这个精神打击不小，所以她对太平公主的爱好像很有点弥补这个创伤的意思。要说也有意思，为了扫清政治障碍，四个儿子杀了两个，流放一个，母子之情被当作空气，但是武则天对这个女儿的爱是发自肺腑的，始终如一的。

武则天对太平公主的影响塑造了公主的性格。上文说了，武则天几乎把所有的感情都倾注在太平公主的身上，太平公主从小生活在蜜罐里，所以非常自信，这也符合现代儿童教育理论——人有无自信心和儿时是否受到充分的关爱和肯定密切相关。当然，这里说的关爱是正确的爱，不是溺爱，溺爱培养出来的不叫自信，那叫张狂。从理论上讲，武则天可能都缺乏真正的自信。大家可能要说了，武则天要没自信能成为中国历史上唯一的女皇帝吗？其实这事儿值得分析：武则天从根本上来说是缺乏安全感的，这与她少年时代不愉快的家庭生活密切相关。她小时候父亲去世，同父异母的哥哥们没少挤对她。武则天性格执拗，顽强抗争，看起来很自信，其实她是用这种自信来掩饰内心安全感的缺失。所以武则天掌权后总是怀疑有人不服，有人要加害她，于是大搞酷吏政治，大力抬高武家家族地位，甚至不惜造假。这说白了就是一种安全感缺失的体现。她能干出这么大的事业，全靠聪明才干以及对命运的顽强抗争。所以，武则天是到了晚年，都已经当了一段时间皇帝了才逐渐有了安全感，才有了真正的自信，其标志就是酷吏政治的结束。

而纵观太平公主的一生，我们都可以感受到那种从容的自信。太平公主做事基本上都是主动出击，很有一种舍我其谁的感觉。该豁达大度的时候也很豁达大度，比如她资助天下有才华的贫困文人，四处布施，并且没有她母亲那种疑神疑鬼的心态。这与武则天和高宗皇帝对她的关爱分不开。

太平公主很聪明，这与遗传因素有关，也和她从小受到的良好教育有关。她的聪明还不是一般文人那种小聪明，而是政治家的那种聪明，所以武则天觉得自己的这个女儿很厉害，经常和她商量一些军国要务，不过这些事往往不见于史料记载，所以太平公主做出过哪些决策，我们不清楚。《旧唐书》说武则天严令，她参与决策的很多事情不得外泄。可以这么说，武则天时期的很多机密要务，尤其是没法交给朝廷大臣去办的事情，太平公主都有参与，所以她一定在这个过程中得到了充分的锻炼。后来武则天去世了，唐中宗掌权了，韦皇后和上官婉儿是她的对立面，这两个女人本来也很厉害，尤其是上官婉儿，堪称才高八斗、文坛领袖，在政坛里也摸爬滚打这么多年了，但是她们仍然觉得太平公主的才干在自己之上，可见太平公主聪明能干的程度。

另外，武则天得登高位对于太平公主来说也是个巨大的鼓舞。北朝以来，妇女地位本来就高，女性主政在北方游牧民族中是常事，唐代也深受其影响，所以有不少女性参政议政。武则天的成功更是大大鼓舞了唐朝妇女，在她之后，不止一个女性觊觎皇位，这是中国历史上独一无二的现象。武则天的孙女安乐公主就说过这么一番话，充分代表了这样的思想："阿武子尚为天子，天子女有不可乎？"（《新唐书》卷八三《安乐公主传》）阿武子就是武则天，武则天一介小女子，普通官宦之后，尚且可以当天子，那我一个皇女有何不可？安乐公主是个混账,所以才说出这种混账话来,什么阿武子,那是你奶奶好不好?太平公主虽然说话不至于如此混账,但是也有这样的潜意识。但很有意思的是,我们实在很难说她想当女皇,还真没有这样的证据,连她的政敌在她死后也只指责她弄权擅政,也没说她想当女皇。那她到底有没有想当皇帝的念头呢?这就不好说了,起码她没有明确地表示过。其实,这还是武则天对她的影响的体现,为什么这么说呢?因为即便聪明睿智、雄才大略如武则天,最后也只能落得一个失败,武周王朝一代而终,说白了,武则天所追求的阴阳易位、乾坤颠倒最终还是没有成功,所以太平公主很有可能汲取了母亲的教训,掌权,但不追求称帝。

但即便如此,她的这种权力欲还是给自己带来了大麻烦。李隆基是一个以消灭女性干政为己任的人,他对韦皇后、安乐公主、上官婉儿、太平公主的态度是一以贯之的,那就是不让她们掌权,与她们斗争。所以说太平公主的命运早早就已经注定了,早就埋下伏笔了,可是她有得选吗?她没得选,自小生长在皇宫里,又是武则天的女儿,她能完全摆脱权力对自己的诱惑吗?不可能啊。

这里要说句公平话,史籍里有关太平公主的描述多半是来自胜利者的授意,胜者为王败者寇,那些有关太平公主生活奢侈、滥用小人的记载不可尽信。这么说吧,大家要是承认武则天时期是一个相对稳定发展的时期,一个上承贞观之治、下启开元盛世的时代的话,就得承认太平公主的贡献,因为刚才提到了,武则天时代的很多政事都有她的参与,她是一个有贡献的人,不是一个只会弄权的人。

武则天毕竟是武则天,太平公主毕竟是太平公主,她们都有着不同凡响的人生。太平公主的一生始终笼罩在母亲的影子之下,她从母亲那里得到了很多的人生经验,也深受母亲盛名的牵累,可以说所谓像武则天这一点,既是她的财富,也是她的枷锁。

二、韬光养晦

人生百态和政治斗争的残酷对太平公主的青少年时代也有着巨大的影响。她很早就接触到了险恶，也亲历了斗争，使她形成了将明哲保身与积极进取相结合的人生哲学。太平公主的前半生经历过一个韬光养晦的时期，她究竟遭遇了哪些事？我们来看一下：

1. 童年历险

太平公主小时候就有过一次有惊无险的经历，说出来很龌龊，很不体面。怎么回事呢？这事儿与她的一位表哥有关。武则天的姐姐韩国夫人之子贺兰敏之，是有名的帅哥，也是唐朝历史上有名的变态，特别喜欢拈花惹草，而且口味很"独特"，《旧唐书》记载，他"烝于荣国夫人"，也就是说他和他外祖母有私情。这还不算完，此人仗着武则天的势力，随心所欲，胆大包天。唐高宗和武则天为太子李弘挑选了大臣杨思俭的女儿作为太子妃，还没举行婚礼呢，贺兰敏之竟然找机会逼奸了未来的皇后，害得高宗和武则天不得不临时换人，真是旷世未有的大丑闻。他还把魔爪伸向了太平公主，太平公主小时候去姥姥荣国夫人那里玩，随行的宫女，贺兰敏之竟然一个也不放过，全部逼奸。有资料说他实际上是想对太平公主下手，但是没成，太平公主躲过一劫。此事发生在太平公主七八岁时，对她造成了多大影响不清楚，她有何反应史书上没有记载，但是起码此事能告诉她身边不是只有鲜花和友善，还有险恶与肮脏。

2. 两段婚姻

太平公主的两段婚姻对她的影响也是无比巨大的，可以说让她充分感受到了人生百态。

太平公主的第一段婚姻是与薛绍的婚姻。当时太平公主已经情窦初开，但是她的身份又使其无法有正常的恋爱。不过好在唐代女性的地位还比较高，在婚姻方面虽然说还是要听父母之命，但是女孩自己

观鸟捕蝉图（局部）

本图1971年出土于陕西省乾县章怀太子墓前墓室西壁南侧。右边头梳双螺髻的女孩身上穿的是黄色的圆领袍，这是当时流行的男装款式。虽然图中描绘的不是太平公主，但是可以借此想象一下太平公主当时的样子。

还是有一定发言权的。于是太平公主就穿上一身男装在高宗和武则天面前晃，高宗和武则天哈哈大笑，说：你又不是武官，穿一身武官的衣服干什么？太平公主低下头羞涩地说：你们看这身衣服赐给驸马可好？高宗和武则天这才恍然大悟——哦，这孩子是到了出嫁年龄了，于是拍板将她嫁给了薛绍。

武则天选择的这个薛绍，是河东薛氏，名门望族。他的母亲是唐太宗与长孙皇后的亲生女儿城阳公主，可谓门当户对，亲上加亲。太平公主嫁过去之前，薛家不是高兴而是担忧，怎么回事呢？小两口谁没个磕磕碰碰的时候，而公主的脾气也不是闹着玩的，那动不动就是冒犯天威，谁受得了啊？所以薛家很担心。薛家辈分较高的薛克构说了一句话："娶妇得公主，无事取官府。"（《资治通鉴》卷二〇二《唐纪十八》）这是句谚语，意思是娶了公主当媳妇，等于把官司娶回家啊。但是有什么办法呢？皇帝指婚你敢拒绝吗？所以薛克构告诉大家，小心点吧，别没事惹事。

薛家的担心不是多余的，果然，太平公主还没嫁过来呢，薛家就差点被重新洗牌。怎么回事呢？武则天对太平公主未来的两个妯娌不满意，这两个妯娌就是薛绍两个兄弟的媳妇，一个是萧氏，一个是成氏。武则天认为她们门第低，就想让薛家把这两人休了，她说：我女儿怎么能跟田舍村妇当妯娌呢？有人就劝了：您可能不了解情况，萧氏是唐初宰相萧瑀的侄孙女,是南朝萧氏,人家也曾经是皇族啊,南朝齐、梁两个朝代就是萧姓嘛,所以您可千万别那么想。武则天这才作罢。

这就体现出武则天本人的门第观念。武家就是小姓,不是望族,武则天很忌讳这事。唐代前期继承了南北朝的风俗,特别重视门第。武家是小姓,让人看不起,当年武则天想当皇后,长孙无忌、褚遂良列出一大堆反对意见,其中之一就是嫌她没有王皇后门第高,王皇后乃是太原王氏,一等一的大族。武则天掌权以后,派遣自己的侄子去和突厥和亲,人家突厥可汗直接就骂:你武家是小姓,我家要和李家通婚,你派来个什么冒牌货?这事儿又让武则天感到极大的羞辱。武则天后来大力打击山东士族,打击贵族政治,和她自己的这些经历是有关系的。可是人就是如此复杂,在反对贵族等级观念的同时,她还嫌人家萧氏、成氏门第低,辱没了自家女儿。

婚礼前,皇帝宣布大赦,京城大批死罪以下的囚徒都被释放,普天同庆。太平公主出嫁的时候,婚礼办得无比盛大,不说空前绝后吧,起码可以说万人空巷,大家都跑来看热闹。太平公主的车队从大明宫兴安门出发,浩浩荡荡来到了平康坊,这里是小两口未来的住宅所在地。

跟现代大多数地方在中午举行婚礼不一样,唐代婚礼一般都在黄昏举行,所以叫昏礼。"婚"字原来没有"女"字边,就是黄昏的意思。为什么这个时候结婚呢?因为古人认为黄昏时分是白天和黑夜交替的时候,是阴阳交合的时候,合婚礼之意,所以结婚都在黄昏进行,太平公主也不例外。为了照明,点了无数的火把,最后竟然把街道两旁的树木烤死不少。可见婚礼规模有多宏大。由于婚礼规模太大,来宾太多,平康坊内没那么大的空地,怎么办呢?不知道是武则天还是底下的人想出个歪招来:干脆把婚礼现场设在平康坊南边宣阳坊里的万年县衙内!(当时长安城东半部归万年县管理)但是万年县衙的门不够宽,竟然有人建议把大门拆了,还是唐高宗出来阻拦:那是隋初建长安城时留下来的门,将近百年了,而且很精美,拆了可惜,别拆。最后把县衙的墙开了一个口子,这才把问题解决了。

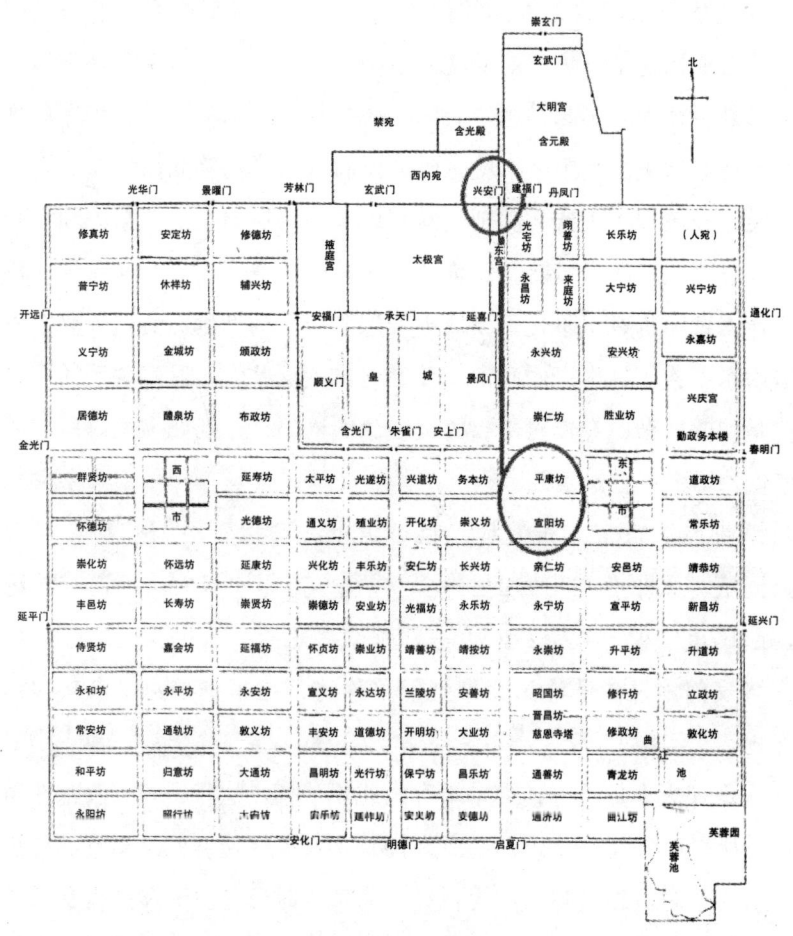

太平公主出嫁路线图

看了上图大家就明白为什么选万年县衙当婚礼举办地了——旁边就是东市,热闹,吃喝玩乐也方便;离皇宫也不远,比较方便。

如此盛大的婚礼充分体现了武则天对这个女儿的宠爱。这件事对太平公主的心理有什么影响不清楚,但是一定给她灌输了一种唯我独尊的意识。总的来说，太平公主还真不是瞎胡闹的人，没有史料记载证明她在薛家有多霸气，但是开始的那场风波还是对这场婚姻产生了极大的影响。

怎么回事呢？这场婚姻没有走到头，夫妻俩没能白头偕老。虽然太平公主和薛绍的感情可能还是不错的，两人共育有两男两女，但后来薛绍死于非命，这和武则天直接相关。

唐高宗死后，武则天逐渐掌握大权，结果先后出现了两次大规模叛乱，一次是徐敬业，一次是唐朝宗室，他们都以反对武则天掌权、拥护李唐皇室为旗号。两次叛乱都失败了，其中后一次就和薛家扯上关系了，薛绍和他的哥哥薛顗被指是叛党同谋。其实这事儿主要是薛顗干的，他和唐朝宗室李冲秘密合谋，招兵买马，李冲失败了，薛顗还杀了自己的一个手下灭口，但最终还是被人举报了。要说他为什么要反，这场婚姻带来的冲击恐怕也是个不可忽视的原因。上文提到过，太平公主嫁过来的时候，武则天差一点让薛顗把老婆萧氏给休了，当时家族里最忧心忡忡的就是他，他从骨子里就反对武则天的专权，所以找个机会就反了。薛绍和这事儿有关系吗？证据不足没法说，反正有人告他是同党。那时武则天开始大搞酷吏政治，诬告信满天飞，很多无辜者命丧黄泉，薛绍也被搭进去了。虽然因为是驸马免于处死，但打了他一百杖，最后他非常凄惨地饿死在狱中。

太平公主就这样成了寡妇，那一年她二十五岁左右。不久，武则天又选了一个女婿——武攸暨，他是武则天伯父武士让的孙子，年龄与太平公主基本相当。为什么要选择他呢？恐怕还是受到薛绍事件的影响——自家的女婿都反叛了，这还了得？对于武则天来说，此时她选什么人首先要考虑所谓的忠诚度，此时的武则天最疑神疑鬼，也是遭遇困难最多的时候，所以她很在意这个。那么，武攸暨作为武家子弟，是绝对不可能反叛的，再加上年龄、品质都还不错，那就选他吧。唯一的障碍是，他已婚，有老婆。武则天有办法，找了个借口把武攸暨老婆处死了，然后把太平公主嫁过去。后来武攸暨和太平公主育有二子一女，这门婚事算是比较稳定的。

　　这两段婚姻一定对太平公主的人生观产生了巨大的影响。这个时间段刚好是她由少女到成人的阶段，两段婚姻简直就是时代的缩影，自己母亲的强势与咄咄逼人，叛乱与酷吏政治，都对她产生了巨大影响。她个人的命运好像是小船，被抛到了惊涛骇浪中。与此同时，她也感受到了自己的地位所带来的显赫和荣耀。此时的她独享一切，就连封户都比一般的公主多出好多。

　　自己的母亲要称帝，这个趋势已经很明显了，自己该怎么办？自己身边也发生过种种风波，甚至哥哥、丈夫也死于非命，自己该怎么办？酷吏政治盛行，人人自危，自己该怎么办？这些对于逐步成熟起来的太平公主来说都是需要解答的问题。

　　史料里对她这个阶段的思想状况没有多少笔墨描述，不过《旧唐书》里有这么一段话值得注意："公主亦畏惧自检，但崇饰邸第。"也就是说，这个阶段的太平公主采取的策略是韬光养晦，除了把自家房子弄得很漂亮之外，基本上处于蛰伏状态。她很聪明，很有才干，而且身为皇女，人脉自然也没得说，按理说完全可以在政坛呼风唤雨，但是她选择的是韬光养晦，不是不想有所作为，而是时机未到。在那个酷吏横行的时代首先要保护自己，她用这种方式明哲保身。

　　但是，武则天赋予她的基因使她绝不甘心当一个普通的小女子，相夫教子终其一生，她一定要大展宏图，而她选择的途径是帮助母亲逐步登上帝位。上文提到的她帮助武则天处理国务，从这个阶段就开始了。然后，她逐步发出自己的声音，最后甚至逐步改变了母亲的思想和作为。

　　那么，太平公主通过哪些手段影响自己的母亲甚至影响整个国家呢？在这个过程中，又是什么因素为她埋下了杀身之祸？我们留待下讲。

第九讲　太平公主的前半生
——蜕变之路

　　公元713年七月，在终南山的一座寺庙里，太平公主孤单地坐在佛殿中沉思。寺庙外，她的敌人李隆基派来的军队将寺庙围了个水泄不通。一连几天，他们都在静静等待这个政坛上失败了的女人，等待她自己走出庙门。史料没有告诉我们她在想什么，但是可以设想，她或许在回顾自己的一生。自己这一生有得选吗？是当一个默默无闻、与世无争的公主，还是当一个强势进取、积极干政的武则天第二，自己是怎么走上第二条路的？若无这一切，自己是否可以避免今天的悲剧？

　　这一切都没有答案了。正如我们上一讲所论述的，太平公主的前半生是小心翼翼的，也没有过多干政。尽管在很多决策方面她帮助过母亲，但总的来说还是站在母亲背后的，甚至可以说，她一直被笼罩在母亲的身影之下，这个母亲太强势了。尽管母亲对她的爱是全心全意的，但是她也不敢有丝毫的怠慢，毕竟几个哥哥的前车之鉴放在那里。所以在这个阶段，她最多就是生活奢侈点，不敢有太多的举动。

但是，变化也在此时酝酿。太平公主毕竟是武则天的女儿，那种争强好胜、积极参政的心态几乎可以说是天生的。加之唐代妇女地位比较高，不少女性本就有参政议政甚至当皇帝的念头。但不论怎样，那时也是男权社会，所以武则天的上台才会引起轩然大波。更重要的是，有关武则天的历史记载多半都经过后人的渲染，唐代对武则天尚有较为公允的评断，比如武则天死后很久，唐朝人还称赞她，说她在位期间，"天下晏如，不让贞观之世"（《全唐文》卷七九九《狄梁公祠碑》）。可是后世人就不这么看了，尤其是宋代的知识分子，特别讲伦理纲常，所以很反感武则天，武则天的缺点被他们无限放大，比如她的酷吏政治、私生活等等。这样一来，最像武则天的另一个女人——太平公主的形象能好到哪里去？但是即便如此，对于太平公主的批评也主要集中在她最后的十余年里，也就是从武则天去世到她被李隆基发动政变消灭掉为止。这个阶段的太平公主当然很强势，而且很主动，所以才引起更多的诟病，那么在此之前呢？事迹不算太多，但是变化已经在此时酝酿。在我看来，太平公主通过两件事完成了自我蜕变，走上了权力之路。

一、铲除薛怀义

这件事可以看作太平公主与武则天特殊关系的典型例证，她有其他人没有的特殊身份，所以能完成别人无法完成的事情。通过铲除薛怀义，她登上了政治舞台，不仅锻炼了自己，也让别人看到了这个小女子的手腕。太平公主大概就是通过此事初步实现了自身价值。

为什么处理薛怀义必须得太平公主这样的人呢？因为薛怀义身份特殊。他是武则天的面首，即男宠。他原本是街头的一个货郎，原名冯小宝，在洛阳市场上卖药为生。此人长得相貌堂堂，孔武有力，因为和千金公主的一个侍女有了暧昧关系，所以被千金公主注意到了。千金公主是一个颇有心机的女人，她是唐高祖的女儿，辈分比武则天还高，她特别会来事儿，特别会拍马屁，会投其所好，便把冯小宝介绍给了武则天。

现代有些影视剧说薛怀义是太平公主献给武则天的，这不对，是千金公主。这位千金公主脸皮不是一般地厚，武则天登基前后，李唐宗室死的死，流放的流放，而她却靠着溜须拍马一路高走，甚至还上疏武则天，请求给武则天当女儿。这简直是笑话，因为她的辈分本来比武则天还要高，这时候却要来给武则天当女儿。武则天虽然很受用，但是看起来没答应她当女儿的要求，因为武则天改封她为延安大长公主，赐姓武氏，既然叫长公主，那就不是武则天的女儿了。看来武则天还是比较有底线的。

武则天见了冯小宝很满意，壮小伙，长得很气派，于是将其收下。可后宫不能有男人随便出入啊，她就让冯小宝出家当了和尚，和尚和道士经常被皇帝请到宫中谈玄论道，这样可以遮人耳目。她又嫌冯小宝门第太低（冯姓在那个年代等级不高），于是她拍板——改姓吧！姓什么呢？河东薛氏是名门望族，就姓薛吧，那让冯小宝归到哪个薛氏门下呢？不是别人，正是太平公主的丈夫薛绍他们家门下，还让薛绍以冯小宝为长辈，称其为季父，也就是叔父。薛绍有什么办法？只能接受嘛。这大概也是后来薛氏兄弟痛恨武则天的原因之一。于是冯小宝改名薛怀义，后来还当上了白马寺寺主。白马寺是中国历史上有记载的第一座佛寺，当了这里的寺主，地位非同寻常。

薛怀义经常装腔作势地穿上袈裟，和一些高僧大德煞有介事地谈论佛法，平时则经常出入后宫，与武则天密会。他的权势越来越大，武则天的侄子如武承嗣、武三思等人都争相拍他马屁。

薛怀义也不是简单的肌肉男，他也懂权谋。比如他发现了武则天想当皇帝的念头，于是做了一件事，对武则天大有帮助，怎么回事呢？从十六国时期开始就流行一本叫《大云经》的佛经，里面提到将有女主管理天下，这一点被薛怀义抓住了，他集合了一批人，做了一部阐发《大云经》教义的书，叫作《大云经疏》，献给了武则天。武则天很高兴，因为这个可以起到很好的舆论宣传作用，便于收买人心，于是命令将此书颁布天下。

通过此事，武则天对薛怀义很欣赏，委以重任，甚至外敌入侵都让薛怀义挂帅去打仗，以便他积攒功劳；要修明堂、天堂，也交给他，这明堂、天堂是当时全国最高的建筑，极其宏伟。

明堂是一座礼制建筑，高度近百米，差不多有三十层楼高。以前也有明堂，但都没有这个大。天堂和明堂比邻，也是一座庞然大物。

坦白说，薛怀义能力还是有的。这两座建筑在当时来看是突破建筑技术极限的，能够建起来，工匠们的心血自然是首功，但总指挥薛怀义也不是没有功劳。

但是有关薛怀义的历史记载几乎都是负面的。一句话，男权社会怎么会看得上一个吃软饭的小白脸呢？武则天自己也觉得和薛怀义的关系不登大雅之堂，所以才让薛怀义出家。中国古代皇帝三宫六院妃嫔众多，也没见谁说三道四，而武则天一辈子的面首加起来两只手也就算清了，却被诟病，还是那句话——男权社会，武则天也没法完全摆脱。

所以对于武则天来说，尽管全天下都知道薛怀义是怎么回事，但对于她来说，这仍然是她的一块禁脔，好也罢，坏也罢，都不愿意让别人介入。

对于薛怀义，太平公主是什么态度呢？可以肯定，她从未反对过母亲和薛怀义的这种关系。太平公主很聪明，不会主动介入母亲的私事。她的好恶是紧密跟随母亲的，当母亲开始厌弃薛怀义的时候，她就毅然决然地出手相助。

薛怀义仗着武则天的宠爱越发骄横，朝臣们都看不起他，也很恨他。殿中侍御史周矩暗查他的不法行为，发现他手下豢养了一批大汉，都剃度为僧，图谋不轨。周矩极力要法办他，武则天没办法，但还是要保薛怀义，于是来个折中，跟周矩说，这个僧人有风病，不能加以拷问，你就饶了他吧，至于他那些手下，随你处置。于是，周矩只好将这群僧人全部流放，唯独拿薛怀义没办法。后来薛怀义找了一个机会，报复周矩，使得周矩丢了官职。

按理说这事儿是一个警告，但是这家伙丝毫不知道收敛，最终嚣张到敢对武则天甩脸子。怎么回事呢？原来武则天另有新欢了，是她的一个御医。结果薛怀义发飙了，一怒之下，竟然放火烧了明堂，火势也波及旁边的天堂，这两座耗费了无数人力物力修建起来的巨型建筑就此灰飞烟灭。

武则天此时的态度非常耐人寻味。按理说，烧掉这两座具有重要象征意义的建筑是十恶不赦的大罪，应该将薛怀义治罪处死。但是她选择了忍，没有追究任何人的责任，而是把火灾归咎为天灾，然后让薛怀义重新再建。武则天为何选择忍？因为武则天不愿把自己的私事闹得沸沸扬扬。武则天不是一个肆无忌惮的人，她也有怕的时候，也有软弱的时候，面对社会舆论，她也有退让的时候。她要不是懂得退让，也不会面对狄仁杰等人的求请，把李显接回来当太子，让自己的武周王朝就此一届罢了。作为一个女性，私生活方面遭人指摘是一件很羞耻的事情，尽管薛怀义是干什么的大家都门儿清，可毕竟没有放到台面上来说，要是治罪，那不就得走司法程序，不就等于把自己的私生活公之于众，让大家品评吗？

所以对武则天来说，她只有选择忍，但是忍耐是有限度的。薛怀义见武则天是这个态度，更加肆无忌惮了。武则天越发厌恶他，于是动了铲除他的念头，但还是那句话——这事儿不能走司法程序，不能指望外朝那些大臣们，那么依靠谁呢？武则天想到的就是自己最亲近的人——太平公主。《旧唐书》记载："则天恶之，令太平公主择膂力妇人数十，密防虑之。"也就是说，武则天对薛怀义已经有了戒心，要防备这小子铤而走险。薛怀义经常出入后宫，后宫除了女人就是宦官，要想防备他必须有安排，调外面的人进来不方便，于是太平公主奉命选拔了几十个强壮有力的妇人——估计就是从宫女里选拔的——防备薛怀义。

有人向武则天告发说薛怀义有阴谋，于是武则天下令动手，太平公主立即让自己的奶妈张夫人带人将薛怀义勒死，然后将尸体送还白马寺安葬。大家可以注意到，一直到此时，武则天处理薛怀义还是悄无声息，想瞒天过海悄悄处理他，完成这个任务的就是太平公主。

这也是太平公主为自己的母亲做的第一件大事，这件事非同寻常，事关人命，事关母亲的脸面，应该说太平公主完成得很不错。但是坦白地说，这事说破天，不过是常见的宫廷斗争的一幕而已，薛怀义不过是一个已经失宠的面首，太平公主除掉他，也不过是替母亲除去一个麻烦。旧的面首去了，新的面首还在，此事还真谈不上有什么历史积极意义，只是展现了太平公主的手腕，此时她三十岁左右，已经成熟，开始走向历史舞台了。

二、铲除来俊臣

要是说第一件大事只是宫斗，那么太平公主做的第二件大事才是真正具有历史积极意义的。她在客观上促进了酷吏政治的终结。

武则天的登基道路充满了斗争，徐敬业叛乱和李唐宗室叛乱使得她感到自己身边到处都是阴谋，到处都是叛乱者，所以她开始大搞酷吏政治，任命了一批凶狠且毫无人性的家伙担任御史等官职，设立监狱，鼓励告密，大肆扑杀异己。一时之间，朝廷上下风声鹤唳，人人自危。很多心怀鬼胎的人得到了向上爬的机会，什么机会呢？告密立功。武则天鼓励大家举报谋反，甚至做了一个大铜匦，四面开有小口，还有人专门负责管理钥匙，定时开启，收走告密信，你要想告谁就把举报信投到里面去，有专人负责审理。

酷吏们的原则是宁可错杀，绝不放过。没人举报的话他们就自己组织人进行诬告，而且动辄就是大规模的举报，罗织罪名，虚构了很多谋反集团，专门用来清除异己，不但清除武则天的异己，顺带着还清除自己的异己。这些酷吏半数以上是胸无点墨的莽汉，他们要想上位，正常情况下是很难的，所以就要剑走偏锋。

当时第一酷吏是来俊臣，据说此人相貌堂堂，但生性残酷，心理变态，专门以折磨人为乐。当年他还是个市井无赖的时候，曾经在和州犯法被抓，那阵子武则天正鼓励告密，他想通过告密来换取免罪。告谁史籍上没有记载，但肯定是瞎告一气。结果担任刺史的宗室东平王李续把他打了一百杖，他老实了几天。李续后来被武则天诛杀，来俊臣来劲了，跑到武则天面前表功，意思是我早就有先见之明，于是武则天拜他为侍御史，收为自己的鹰犬。此人前后满门抄斩了上千家，受害者加起来起码上万人。和平时代竟然能出现这样一个不折不扣的屠夫。

来俊臣做事毫无底线，他最擅长两件事，一件是诬告，一件是酷刑。武则天鼓励大家告密，而他则更进一步，干脆组织诬告。他才懒得去侦破案件呢，诬告多省事，只要不要脸就行。他在全国布置网络，联合各地无赖，一处告密，其他地方必然响应，告的是同一人同一事，让武则天一看，你看看，多少地方的人都提供证据了，还能形成证据链条，不用问，肯定是真的。就这样陷害了许多人。

来俊臣这人之所以被称为一号酷吏，不仅是因为他杀人多。别人做坏事还有个咬咬牙豁出去的过程，他不，他在折磨人的过程中能得到满足和快感，所以这才是真正的变态。他恬不知耻地将自己诬告别人的经验写成了一本《告密罗织经》。大家看，直接就在书名上把内容点名了，我就是诬告，我就是罗织罪名，你能把我怎么样？还有个传闻，《朝野佥载》记载，来俊臣将朝廷百官的名字写在一块块石头上，然后拿个石头打这些石头，反复投掷，打中谁的名字，就先诬告谁，把害死人当游戏。这事儿真伪不清楚，也许是讨厌来俊臣的人给他编的段子，但是却反映出人们对来俊臣草菅人命的愤恨。

来俊臣还发明了许多刑讯逼供的方法和工具，比如制作了不同重量的十个大枷，还起了恐怖的名字："定百脉""喘不得""突地吼""著即承""失魂胆""实同反""反是实""死猪愁""求即死""求破家"。"定百脉"就是戴上枷后封住你的脉门，"喘不得"就是戴上枷就喘不上气来，"突地吼"就是戴上枷就趴在地上痛苦吼叫，"著即承"就是戴上枷就招供，"失魂胆"就是戴上枷就失魂落魄，"实同反"和"反是实"就是戴上枷就承认谋反，"死猪愁"就是死猪见了这个枷都发愁，"求即死"就是戴上枷之后生不如死，只求一死，"求破家"就是不仅求自己一死，干脆你把我全家杀了吧，只要别让我受这个罪。搞酷刑就搞酷刑，还给刑具起了这么多奇特的名字，可见是乐在其中。另外，他还经常用醋灌犯人鼻子，或者用火烤，或者不给饭吃，饿得犯人吃衣服里的丝絮。总之，只要是落到他手上，那就是生不如死。

武则天觉得来俊臣这人能干，在丽景门内设置了一个推事院，专门交给他用来审讯"犯人"。进入这个门的人，基本上是有去无回，人们用谐音称呼此处是"例竟门"，"例"是照例的意思，"竟"就是完蛋，意思是进入此门照例完蛋。

来俊臣说翻脸就翻脸，即便对同党也是如此。当时天下第二号酷吏是周兴，这家伙也是杀人如麻，和来俊臣在一起，堪称"哼哈二将"。有人举报周兴谋反，武则天把案子交给来俊臣审理。来俊臣给周兴摆下了鸿门宴，请周兴吃饭。

吃饭的过程中来俊臣问："我现在有个麻烦案子，犯人无论怎么拷打都不承认谋反，该怎么办？"

周兴一听，这有啥难的，还有咱整不了的人？您找个大瓮，底下架上柴火，烧，让犯人站在里面，不一会儿他就得认罪，百发百中。

来俊臣冷笑一声，说："好呀，高招。"于是他让人在院子里架一个大瓮，底下堆上柴火，烧，然后一指那个大瓮，对周兴说："我说的这个犯人不是别人，就是您，现在啊，您进去吧。""请君入瓮"这个成语就是这么来的。

周兴一听，顿时崩溃，他自己发明的酷刑他知道，没人能扛得住，于是立即跪下来认罪，后来就被杀了。来俊臣对自己的同党尚且如此残忍，可以想见他对别人如何。

酷吏政治时期，人人自危，因为死于非命的可能性太大了。就拿宰相来说，武则天一生任命了宰相七十五名，其中因为各种原因被赐死或者死于狱中的有十五名，被流放的有九名，换句话说，不得善始善终的人占宰相总数的三成。宰相尚且如此，其他人可想而知。当时的官员每天上朝前都要向家人诀别，说不知这一走还能相见否，下班回家则庆祝一番，因为又活了一天。气氛就恐怖到这地步。

酷吏政治如此残酷，是不是说明武则天是个暴君呢？武则天做事的确有决绝的一面，但是还要看到，她做事有节奏、有计划、有步骤。酷吏政治是她登上最高宝座前后所采取的手段，是为了清除异己。她跟历史上其他昏君、暴君不一样，她心里很清楚这些酷吏是些什么东西，她不是一味地信赖他们。武则天在酷吏政治盛行时期很注意保护能臣，比如狄仁杰、魏元忠，都曾被诬陷过，也吃了苦，但最终都被释放。武则天明白，酷吏就是自己棋局中的小卒子，早晚要兑掉，啥时候兑掉，那要看自己的棋走到哪一步了。

最终出来帮助她完成这一步棋的正是太平公主。

酷吏政治盛行时期太平公主也不是高枕无忧啊，她也怕呀。可不要忘记她的前夫薛绍是怎么死的，不就是因为谋反罪名死的吗，所以史书说她一直小心翼翼。前面铲除薛怀义算是个大动静，但那是在母亲授意之下干的。此时诬告盛行，杀人如麻，她虽然贵为公主，也是战战兢兢。

此时武则天已经当了好几年的皇帝，太平公主的两个哥哥已经死于非命，三哥李显尚在南方流放，四哥李旦最为明哲保身，当过皇帝却主动禅位于自己的母亲，主动要求降为皇嗣。李旦的所作所为和太平公主是一样的，都是在高压之下选择以保护自己为先。

所以说，终结酷吏政治并不是他们的初衷，以他们当时的心态而言，能够自保就已经谢天谢地了，什么主动进击就别提了。但是，当酷吏们的魔爪开始伸向他们的时候，他们不得不展开绝地反击。

当时的来俊臣骄横跋扈，觉得自己已经天下无敌，无所不能了。很多人都怕他，有的人就主动讨好他，牵马坠镫，溜须拍马。即便是取得了如此的"成功"，来俊臣还是不满足，他还要寻找新的诬告对象。他为什么总是告个不停呢？原因很简单，他明白，自己的价值就在于当好一条狗，自己文不得，武不得，要想长保荣华富贵，只有一个办法，就是不断咬人，以此在武则天面前彰显自己的所谓价值。

那么，咬谁好呢？说实话，那时高价值的目标已经让他咬得所剩无几了。环顾四周，他突然想到，还有一群人他没咬过，谁呢？武则天身边的人。

此时武则天身边的人分为两大群体：一个群体是武家子弟，例如武承嗣、武三思等；另一个群体就是武则天的儿女，当时武则天的儿女在世的还有三个，即庐陵王李显、皇嗣李旦和太平公主。

这两个群体其实是对立的，李家和武家嘛，为了皇位继承权问题正在心照不宣地交手。能把这两大群体勉强黏合起来的也就是太平公主了，别忘了她的现任丈夫是武攸暨，武家人。为什么说勉强呢？因为这两大群体在根本利益上是冲突的。不过很快有一件事就让他们不得不联起手来，那就是来俊臣的诬告。

来俊臣已经利令智昏了，他开始组织人，准备诬告武则天身边这些人。《资治通鉴》记载："俊臣欲罗告武氏诸王及太平公主，又欲诬皇嗣及庐陵王与南北牙同反，冀因此盗国权。"

请注意，他的诬告是分两部分进行的。他把太平公主放在武家子弟这块一起告，估计就是因为太平公主是武家媳妇；他把李显、李旦两个皇子放一起告，告的罪名是联合南北牙造反。南北牙指的是文武官员，他的目的是借此获得进一步的权势。

此事还在谋划阶段就被人举报了，谁举报的呢？是一个叫卫遂忠的人。卫遂忠也是酷吏之一，是来俊臣的手下。来俊臣罗织罪名的招数是把任务布置给各地爪牙，然后大家一起举报，卫遂忠就是干这个的。那他这次为什么弃暗投明了？

原来他得罪来俊臣了，估计是怕来俊臣报复他，所以一得知来俊臣要搞这么大的动静，就来打小报告了。他怎么得罪来俊臣了呢？原来来俊臣听说太原王氏王庆诜家女儿特别美，于是强取豪夺，娶其为妻。有一天他正在宴请妻子一家，卫遂忠来访，来俊臣不耐烦，告诉看门的，就说他不在家。没想到卫遂忠根本不信，硬闯进来，嘴里还不干不净的。来俊臣觉得在妻子一家面前丢了面子，很恼怒，想治他的罪，但是最后还是释放了他，两人表面上和好如初。但是，王氏因为这次在家人面前被羞辱，想不开，最后竟然自杀了。想必就是这事儿导致卫遂忠害怕了，他怕来俊臣报复。

所以当来俊臣的计划被他知晓后，他立即来告密，不是向武则天告发，而是向武家和太平公主告发。这下子武氏诸王、太平公主、皇嗣等都紧张起来了，这是掉脑袋的事情啊。

其实来俊臣盯上太平公主是他最大的失策。武则天对什么人都可能心存戒备，唯独对太平公主不可能，这是她最爱的孩子，而且又对自己忠心耿耿。武氏诸王和太平公主联名向武则天举报来俊臣的阴谋，而且指出来俊臣经常自比石勒。武则天明白，来俊臣这条狗是要不得了，他本来就是一颗棋子，现在兑子的时刻应该到了——通过几年的清洗，自己的异己已经被清除得差不多了，这个国家应该由政治斗争阶段走向正常阶段了，励精图治、发展民生才是未来的需要，酷吏们已经是弃子。所以最后武则天选择的是将来俊臣下狱，将其处死。

来俊臣死的那一天，万人空巷，大家都跑到刑场看这个屠夫的下场。

刀斧手刀刚落下，大家便一拥而上，不一会儿就将来俊臣的尸首踏得没了形状。这天大臣们见面，互相都道贺说：今晚睡觉脊背可以挨着枕席了。

来俊臣的死标志着酷吏政治的结束，酷吏政治的结束标志着武周王朝的正常化。假如酷吏政治一直存在，在历史上，武则天将毫无疑问地留下一个暴君的恶名。虽然消灭酷吏是武则天计划之中的事情，但是完成最后一击的正是太平公主。太平公主是出于自保的目的举报来俊臣的，却在客观上对国家产生了积极的促进作用。

太平公主的前半生就是这样，她生活在母亲的身影之下，虽然她的身份和才干决定了她必然要有一番大的作为，但是这个阶段她还基本处于蛰伏状态。通过铲除薛怀义和来俊臣，她已经新莺初啼了，她的手段、风格在这两个事件中展现无余。我们以往经常关注她在武则天去世以后的所作所为，但是要看到，太平公主那时的一切特质在此时都已经有了雏形。

第十讲 恶名千古——韦皇后

在陕西渭北高原上，有一座孤寂的皇陵。比起昭陵、乾陵等前几代帝王的陵寝，游客稀少的它显得那么冷清，不仅规模比不上其他帝王陵，就连陪葬墓也远不如其他帝王陵多，尤其是其中没有葬入这位皇帝的妻子、女儿。这一家人死后是各自散落一方，并在史书中留下了无数的骂名。这座陵叫定陵，它的主人是唐中宗李显，而唐中宗的皇

定陵远眺图（敬泽昊摄）

后便是本讲的主人公韦皇后。

想当年，在狄仁杰等人的劝说之下，李显以庐陵王的身份返回洛阳，韦氏、女儿裹儿和他一起返回。摆脱了流放的生活，回到了繁华的洛阳城，而且是来当太子，从此肩负起未来帝国领袖的重任。对于李显和韦氏来说，这是人生的大逆转、大翻盘。那时的他们是多么激动啊。

过了几年，公元705年神龙政变爆发之后，李显果然登上了皇位，韦氏也被册立为皇后。李唐复国，人心振奋，举国都将希望寄托在这对夫妻身上，希望他们能像当年的太宗和长孙皇后那样重振大唐国威，除旧布新。

又过了几年，这一家三口相继命丧黄泉，而且都是死于非命。他们在人们的心中留下的是失望、愤恨，并且很快被遗忘，只剩下一堆黄土无语对青天。

这一切的核心都在韦皇后一人之身。她是一个什么样的人，她做了什么，历史给予她的评价客观与否，这些都将在本讲一一展开。

一、大起大落

韦皇后出身京兆韦氏。京兆韦氏是长安附近的贵族家族，历代出了无数达官贵人，唐朝三百年，仅宰相级别的高官就有数十位之多。当时和这个家族齐名的还有住在他们附近的另一个大家族杜氏。由于他们聚族而居在长安以南，所以人称"城南韦杜，去天尺五"（《雍录》），意思是城南韦、杜两家，距离天顶只有一尺五了，以此形容其地位之高。

当初韦氏嫁给李显的时候，李显还只是亲王而已。在唐高宗和武则天生的孩子中，李显是老三。但是两个亲哥哥李弘和李贤，都因为与武则天有矛盾，一个死于非命，一个被废后不久也死了，所以身为老三，李显却意外地当了皇帝，继承了高宗的皇位。

此时的形势是怎样的呢？武则天当皇帝的愿望已经表露无余，她已经不允许任何人阻碍她。而李显这个人，一生政治智慧都接近于零，在这种紧张的形势下，他竟然还任着性子行事。武则天四个儿子里，最没智慧的就数李显，这样的人放到皇帝宝座上，必然要惹出是非来。

他惹什么事了呢？这事儿和韦皇后有关系，准确地说是和韦皇后的父亲韦玄贞有关。中宗当了皇帝没几天，就提议让岳父韦玄贞担任宰相。此事遭到了其他大臣的反对。为什么呢？大家觉得韦玄贞不够格。韦玄贞原本不过是一个普州参军，李显即位后拜为豫州刺史。这才几天，就要拜宰相，火箭提拔啊。凭什么？就凭他是皇帝的岳父吗？实话说，这事儿八成是韦皇后出的主意。韦皇后心眼比她丈夫多得多，她极可能是看到武则天气势逼人，所以想找个办法对抗一下。要对抗武则天就要有自己的人，那么自己的父亲当然是最值得信赖的了，所以极有可能是她撺掇中宗任命韦玄贞为宰相的。

事情到了这一步还在正常范围内，但是李显的不着调很快就体现出来了。他在与群臣的争论中口不择言，说："我让国与玄贞岂不得，何为惜侍中耶？"（《旧唐书》卷八七《裴炎传》）意思是我就把天下让给韦玄贞又能怎么样，何况一个侍中？这纯粹属于抬杠，小孩子吵架才用的招数，但是却从皇帝嘴里脱口而出。要知道，武则天一直在虎视眈眈，她不愿意儿子们阻挡自己的称帝之路，没事都要找事呢，何况你如此口不择言？于是她带兵上殿，亲自废除了唐中宗。李显不服，还质问：我有何罪？武则天冷冷地说：你说要把天下让给韦玄贞，还敢说无罪？

李显的第一次皇帝生涯就这么结束了，总共才两个月左右。此事可以看作是韦皇后在政坛的第一次尝试，她从那时开始就已经在丈夫背后出主意拍板了，只可惜这次尝试以惨败宣告结束。

李显被废为庐陵王，先是被流放到均州（今湖北丹江口）。也不知道是故意的还是巧合，均州官方给李显的住宅竟然是李泰生前的住宅。李泰是唐太宗的儿子，在和太子承乾进行皇位争夺的时候被太宗废弃。李泰被流放到均州，心情失落，后来在这个宅子里郁郁而终。李显被流放到均州，心情就够糟了，又住到这么一个凶宅里，简直是毛骨悚然，想一想：李泰和自己难道不是有些相似吗？自己住到他的房子里，不祥之兆啊。感觉像天天夜半上演午夜凶铃，那心情糟到了极点。后来李显又被迁到房州。

在漫长的流放岁月里，唐中宗的精神状况每况愈下，但韦氏则不然，她始终斗志昂扬，而且愈挫愈勇。她所遭受的苦难比唐中宗还要深重，但是这并没有打垮她，同时也为她未来那么多出格举动埋下了伏笔。

她遭遇了哪些苦难呢？

首先，生活艰苦。

在南方，李显一家不是来旅游的，是被流放的。而且地方官从来都是势利眼，虽然你身为皇子、前任皇帝，但是落魄的凤凰不如鸡，地方官没给他们一家好脸色看，物资供应也很匮乏，匮乏到何等地步呢？可以说衣食不济。当时韦氏要生产，孩子生下来，竟然没有像样的褓褓，李显解下自己的袍子将孩子包裹起来，所以孩子的小名就叫"裹儿"。这位裹儿就是安乐公主。

做了父母的人要是自己以前吃过苦，或者自己的孩子幼年吃过苦，就特别容易溺爱孩子。李显就是这个心理，在所有子女里，他最爱安乐公主，所以安乐公主自小就养成了一种大小姐脾气——以自我为中心，生活奢侈无度，而且什么事都敢干。这又为后来一系列政坛变故埋下了伏笔。

要说流放的苦是夫妻二人一起经历的，但是身为女性的韦氏一定比自己的丈夫付出得更多。

其次，家人惨遭毒手。

李显一家被流放，其岳父一家当然也逃不了干系，于是韦家被流放到了岭南钦州。结果他们在那里遭遇了灭顶之灾。被流放的官员历来都是被欺负的对象，欺负韦家的乃是钦州当地酋长甯（nìng）承，也有史料称其为甯承基。甯承看上了韦玄贞的女儿，也就是韦氏的妹妹，就想把人带走。结果韦玄贞的妻子崔氏坚决不给，惹恼了甯承这个土皇帝。甯承下了毒手，韦玄贞、崔氏和四个儿子一起被杀，只有两个女儿逃了出来，将此事报告了官府，但是没人管。消息传到韦氏耳朵里，她也不敢有任何表现。此时的她，别说报仇了，稍微有点风吹草动，就保不齐把自己一家子也搭进去了，所以只有小心翼翼，打碎了牙往肚子里咽。

说实话，按照唐中宗那种一惊一乍的性格，在房州憋屈久了早晚发展成精神病，可是他竟然还能熬过十几年，最终等来出头之日，这主要是靠了韦氏。韦氏的神经比她丈夫强大多了，自己家遭遇那么大苦难，她非但没崩溃，反倒劝丈夫打起精神来，她说：福祸相依，你怎么就知道自己要永远倒霉？谁都难免一死，至于这样吗？于是唐中宗就在老婆的鼓励下强作精神。韦氏在这十几年里就是唐中宗的精神支柱。

唐中宗大概觉得很对不起韦氏，所以跟韦氏的感情非常好，而且唐中宗还在韦氏面前许下诺言："一朝见天日，誓不相禁忌。"（《旧唐书》卷五一《后妃传上》）意思是我要是有朝一日能东山再起，我发誓，你干什么我都不禁止。注意啊，这句话又是唐中宗嘴巴太大的证据，这话能随便说吗？后来韦氏为所欲为，跟中宗发的这番誓有很大的关系。

二、枯木逢春

唐中宗一忍耐就是十四年。此时的武则天已经年老，继承人问题亟待解决，朝野上下各派势力为此进行了激烈的斗争。最终在狄仁杰等人的积极努力之下，武则天决心立李显为太子，将他接回洛阳，并且举办了盛大的仪式，欢迎李显归京。

此时的李显，大约有一种再见天日的感觉。本以为这辈子能寿终正寝就不错了，却没想到还真的有翻盘的那一天，韦氏安慰自己的那些话，没想到真的实现了。人生就是如此地大起大落。

从李显重新当上太子一直到神龙政变爆发的几年时间里，史料里基本没有韦氏的动静。这个女人本就是女强人，再加上艰苦生活的历练，她憋着一股劲，不可能如此安静啊，怎么回事呢？或许此时她正在有意蛰伏，有意低调。此时武则天还在掌权，前车之鉴不敢忘，所以无论李显还是韦氏，此时都很低调。他们只要不惹事，就能顺利登上帝位、后位，何必来瞎折腾。

公元705年，神龙政变爆发，武则天被推翻。李显再度登基，成为皇帝，并且恢复了唐朝国号。从这场政变的过程来看，其实唐中宗和韦后压根儿没有思想准备，完全是被动参与，不情不愿。政变领导者在预谋阶段很可能没和他们通气，可能是知道李显本人才智胆气都不足，跟他通气等于泄密。至于韦后，密谋者们大约想不到和她有什么交集，这个女人此前始终不显山不露水，并不起眼。但是很快，密谋者们就要为他们的疏忽付出巨大代价了。

唐中宗当皇帝不久后，册立韦氏为皇后。这对夫妻终于重新回到了权力巅峰。很快，韦氏在一件事上尝到了权力的滋味，还和她的父亲韦玄贞有关。

在李显被接回来当太子的这几年里，韦氏压根不敢提出报仇。因为此时是武则天掌权，你想报仇，你对被流放不满是吗？她很聪明，知道要忍。结果等她登上后位，便立即着手复仇。广州都督周仁轨受命率领两万大军攻打钦州甯承，甯氏兄弟被迫逃亡，周仁轨紧追不舍，一直追击到海里，将他们杀死，然后用他们的头祭祀韦后的家人，并且把甯家赶尽杀绝了。

韦后不仅给韦玄贞追封了王号，还给他造了一座宏大的陵墓，用以寄托哀思。这座陵叫作荣先陵，在长安南郊，有两重城垣，规格甚高。南北轴线直对大雁塔、大明宫，然后延伸到唐太祖永康陵，也就是李渊的爷爷李虎的陵墓，贯穿了唐朝皇宫和先祖陵墓，这可以说是一条风水轴。韦皇后这样选址，估计是有她的政治野心。*

---

* 详见秦建明、姜宝莲、梁小青等：《唐初诸陵与大明宫的空间布局初探》，载《文博》2003年第4期；于志飞：《构形以城、溯位以祖——论唐代帝陵的布局与空间设计规制》，待刊稿。

很快，韦皇后的野心逐渐显露出来，并给自己带来了灭顶之灾。

三、盛极而亡

韦氏是一个颇有野心的人。这种野心从何而来？首先，从她在流放期间的那种坚强性格来看，她绝对是一个女强人，是那种不甘寂寞、不甘沉沦的人，给点阳光就会灿烂；其次，当时的文化氛围进一步刺激了她的野心。唐代妇女地位本来就高，再加上有武则天做榜样，韦氏难免有想法。她那个宝贝女儿安乐公主说

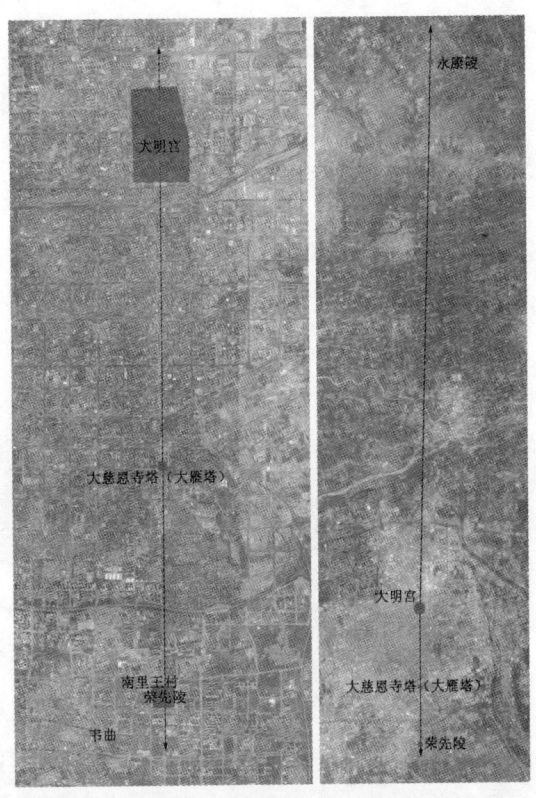

荣先陵、大雁塔、大明宫、永康陵空间关系图
（底图Gayle Earth 于志飞制作）

过一句话："阿武子尚为天子，天子女有不可乎？"阿武子就是武则天。她武则天小姓出身，都可以当皇帝，何况我贵为公主。这句话昭示了一个现象：武则天之后，有政治野心的女性层出不穷，如韦皇后、安乐公主、上官婉儿、太平公主、张良娣等等，都受到了武则天的鼓舞。

韦皇后介入政事是从庇护武三思开始的。神龙元年（705年），张柬之、敬晖等五人领导发动了政变，一举将张易之、张昌宗杀死，将武则天推翻，拥立李显。但是对于怎么处理武三思，五人之间有分歧。张柬之没有杀武三思，想把机会留给唐中宗，让他凭借杀死武三思建立个人威望。但是他没料到，唐中宗根本就不是那么想的，人家对自己的母

亲心怀愧疚，也不打算把武家看作敌人，更不可能杀武三思了。

但武三思当时很紧张，很害怕。他找到了上官婉儿，请求婉儿帮忙。上官婉儿将武三思引荐给韦皇后。武三思就这样和韦皇后认识了，乃至最后有了私情。他能保住命，韦皇后在中宗面前的说情也起到了不小的作用。

后来武三思上下其手，通过种种阴谋诡计将张柬之等人流放并且害死，天下愕然。从那时开始，人们对唐中宗和韦皇后的态度开始由期待转为失望。

武三思和韦皇后的奸情很快演化成政治丑闻，谁都知道他们有私情，但唐中宗似乎无动于衷。韦皇后和武三思最后胆子大到何等地步呢？他们坐在同一张坐榻上下棋，唐中宗竟然还在旁边给点筹记数，糊涂到了这种地步。唐中宗为什么是这样的态度呢？或许：第一点就是因为唐中宗始终是个糊涂脑子；第二点大概是他当年发了那个"一朝见天日，誓不相禁忌"的誓，所以现在对韦氏很纵容；第三点是他一直想充当李家和武家之间利益的平衡者，不肯动武家，所以睁一眼闭一眼。他还和武三思结成儿女亲家，将安乐公主嫁给了武三思的儿子武崇训。

韦皇后的野心一日甚于一日。很难说她是自己想模仿武则天，还是想推女儿安乐公主当第二个武则天。

一方面，有迎风拍马者大造舆论，说她有异象。例如有人说看到韦皇后衣箱上有五色云起，宰相韦巨源就此请皇帝颁告天下，以为祥瑞。高宗末年民间有民谣叫作《桑条歌》，其中说"桑条韦也，女时韦也乐"，于是有人旧事重提，太常少卿郑愔作《桑条乐词》十篇献给韦后，意思是这好比当年武则天还是才人时民间就盛传"女主武氏"的谶言，是吉祥的象征。韦氏本人也在有意模仿武则天。当年武则天在泰山封禅时主动提出高宗首献，她做亚献，也就是第二个献祭，在当时可谓石破天惊。韦氏有样学样，她要在唐中宗南郊祭天的时候做亚献，让安乐公主终献。

而且，此时她已经和上官婉儿结成同盟。上官婉儿是赞同女人主政的，她鼓励韦皇后学习武则天，上书皇帝，恳请天下为母亲守丧三年。以前只为父亲守丧三年，武则天曾要求对父母一视同仁，为母丧也守丧三年。武则天死后这个政策曾中断，至此又恢复，这是抬高女性整体地位的举措。

上官婉儿还鼓动给中宗皇帝上尊号为"应天皇帝"，给韦皇后上尊号为"顺天皇后"，这又是在模仿当年的武则天。当年唐高宗号称"天皇"，武则天号称"天后"，平起平坐，所以上官婉儿这是想辅佐韦皇后重走武则天的老路。但是与此同时，韦皇后的举动又显示出似乎她的根本目的是将自己的女儿安乐公主扶上去，最明显的证据就是她向中宗提出让安乐公主当皇太女的要求，将现任太子李重俊废了。李重俊不是她亲生的，所以她不把他放在眼里。

韦氏为什么一方面扶持女儿，一方面自己大造祥瑞呢？估计是在做两手准备。一方面她自己想学武则天，一方面也可能是为了安抚女儿，并且这样可以建立一个双保险，自己当不了皇帝还有女儿。安乐公主为所欲为，不知天高地厚，在政治方面也有强烈的诉求。并且她是武家的儿媳，这种诉求里有一半是武家的。韦皇后和武三思又有私情，立安乐公主为皇太女，可以同时满足自己和武家两方面的政治需求。

很快，韦皇后的行为引发了太子李重俊的叛乱。李重俊眼见自己位置不保，而且多次受到安乐公主和武崇训的羞辱，唐中宗对此又置若罔闻，他就只有铤而走险了。他联合了一批将领，于神龙三年（707年）七月发动了兵变。虽然有一批将领支持他，但他能调动的兵力很有限，总共只有三百余人。这场政变最大的成果是杀死了武三思和武崇训，但李重俊最大的目标是韦后和安乐公主。当他冲进皇宫的时候，上官婉儿最先察觉，赶紧护送中宗、韦后和安乐公主登上玄武门城楼，再调遣禁卫军来护驾，很快就集结了近三千人，大大超过了叛军的人数。政变就这样失败了，李重俊被杀。

这次政变震动了整个朝野。对于上官婉儿来说，生死考验促使她开始有意疏远韦后，向太平公主方向靠拢；对于朝臣们来说，太子被杀，头还被割下来祭祀武三思父子，使他们对中宗彻底失望，对韦后一党的愤怒也达到了新的高度。这里面包括相王李旦一党，自然有李旦的儿子李隆基。而韦后和安乐公主呢？她们也被这场生死考验大大刺激，但是她们得出的结论是及时行乐，要抓紧时间实现自己的梦想。什么梦想呢？就是政治野心。

唐中宗这个人，对自己妻女日益膨胀的野心刚开始是毫无察觉。当初有平民韦月将向他报告韦后和武三思有私情，他还火冒三丈，要下令将他扑杀。后来他自己大概也察觉出妻子和女儿太过出格，于是开始有所动作，可是晚了，韦后和安乐公主抢在他前面动手了。导致唐中宗被杀的导火索应该是两件事。

1. 燕钦融事件

许州司兵参军燕钦融向皇帝上书揭发韦皇后。这次中宗的态度有些微妙，他召见了燕钦融。面对列出的大量证据，这次他变成了一个倾听者，而且听完后沉默了，可见燕钦融的话对他有很大的触动。

但是此时韦氏一党的宗楚客发飙了，他命令军士将燕钦融抓住投于殿庭大石上，燕钦融脖子折断而死，楚客大声称快。中宗作何反应呢？"上虽不穷问，意颇怏怏不悦。由是韦后及其党始忧惧。"（《资治通鉴》卷二〇九《唐纪二十五》）韦皇后及其党羽发现中宗已经不那么好糊弄了，这对他们来说是个危险的信号。

2. 限制安乐公主权力

景龙四年（710年）六月，唐中宗下令"停公主府，依旧邑司"（《通典》卷三一《职官十三》），意思是不许公主再自己开府，其封地由邑司加以管理。按理说这个政策没有明说针对的是谁，但当时安乐公主权势最大，所以很容易被她视为是针对自己的。没过几天中宗暴毙，杜佑对此的评论是："时安乐公主，中宗女，恃宠骄恣，欲皇后临朝，冀得自立为皇太女，遂同谋鸩弑。"可见杜佑认为停公主府事件引发了韦后和安乐公主对自己大权旁落的担忧，是鸩杀中宗的导火索。

唐中宗暴毙，社会上盛传是安乐公主在食物里下毒毒死的，此事促使了矛盾的最后爆发。当时的政坛主要有两大集团，即韦皇后、安乐公主、宗楚客、韦巨源等，这是一方；另一方则是相王李旦、太平公主、李隆基。上官婉儿表面上是韦后一党的，但暗地里和太平公主有所联系。

当时双方在遗诏问题上暗暗交手，韦皇后一党希望由韦皇后垂帘听政，而太平公主和相王方面希望由相王辅政。遗诏初稿是由上官婉儿草拟的，背后则是太平公主运作，所以提出相王辅政，但是韦氏一党拼命反对，最终将这一遗诏废除。其实，这份遗诏是双方达成妥协的最后机会，一旦失去，就意味着矛盾必须靠流血解决了。

当时，中宗皇帝的灵柩还停在宫中尚未出殡。李隆基得到消息，说韦后将对相王一党下手，于是联手太平公主发动了政变，先杀死了韦皇后任命的禁卫军军官，然后率军队冲入皇宫，杀死了安乐公主。韦皇后慌不择路，跑到一个军营里求助，没想到军营里的人正准备响应李隆基，一刀将其杀死。上官婉儿也在政变中被李隆基所杀。

韦皇后和安乐公主的尸体被扔在外面示众，暴尸数月，以一种耻辱的方式结束了她们的一生。

不过，历史是由胜利者书写的。韦后的很多罪名是确有其事还是胜利者们的扭曲？我无意否定韦氏是个负面人物，她开历史的倒车，执意想恢复武则天时期的旧貌，有着和她自身能力不相匹配的野心，纵容安乐公主，而且在她的作用下，唐朝官场的腐败达到了一个前所未有的高度，贪污盛行，卖官鬻爵，其后果甚至持续到李隆基当皇帝以后若干年，后来才逐渐消散。

但再罪大恶极的人也有辩护的权利，在指出其恶的同时，也必须指出，韦氏的罪恶有被夸大的地方，有被她的对手夸大的地方，也有被后世史学家夸大的地方。主要有如下几点：

1. 丁男问题

韦皇后在上官婉儿鼓动下曾上书皇帝，规定老百姓二十三岁为成丁，五十九岁入老，免除徭役。这是好事啊，成丁年龄比以前延后了，入老比以前提前了，这不是减轻民众负担嘛。因为一旦成丁就要担负起沉重的徭役兵役了，这个政策是有利于老百姓的，老百姓当然欢迎。可是后世的历史学家给予的评价是"以收时望"（《旧唐书》卷五一《后妃传上》），意思是收买民心。问题是李隆基也有类似的举动啊，可就被评价为惠民政策，而韦氏这个政策就被评价为收买人心。这就有失公允了吧。

2. 李重福事件

韦皇后的亲生儿子李重润在武则天时期因为和妹妹永泰郡主夫妻一起议论二张而被杀，而向武则天告密的极可能是李重润之弟李重福。私下里的谈话被人举报，只有可能是关系很近的人所为。中宗即位后，韦皇后在中宗面前举报说当年告密的不是别人，正是李重福，导致李重福被贬到外地。《旧唐书》卷八六《庶人重福传》说李重福"为韦庶人所谮"，意思是李重福被韦氏诬告了。其实此事不难调查，当时的当事人应该都在，是不是李重福告的状唐中宗应该有调查，李重福自己也没见喊冤，反倒是他后来上书中宗请求宽恕："伏望舍臣罪愆。"可见举报李重润和永泰郡主的人八成就是他。就因为韦皇后后来乱政，这个正当的举报在后世史家那里都成了"谮"。

这个李重福，在韦皇后、安乐公主、上官婉儿死后竟然野心膨胀，认为自己是唐中宗皇子，理应即位，竟然发起叛乱，后来失败自杀。他也是个不着调的人。

但是不管怎么样，韦氏的恶名算是铸就了。一句话，她的野心害了她。后来，她和女儿安乐公主以庶人身份下葬，地点极可能是在长安以南，与自己的夫君唐中宗的定陵相距甚远，而中宗定陵旁的陪葬墓里，竟然有前太子李重俊的墓，这是唐睿宗的安排，多么大的历史讽刺啊。

第十一讲 可恨可怜——武惠妃

2010年4月17日,一件来自美国的货物抵达中国广州港。等候在这里的人们欢欣鼓舞,这些人中有公安人员、文物部门人员,也有大批的新闻记者。他们迎来的是一套唐代石椁,石椁重达27吨,高2.45米,宽约2.56米,长约3.9米,仿宫殿造型,制作精良,上面刻满人物、动物、植物花纹,无论从哪个角度看都是一件文物精品,被文物部门定为一级文物。目前,这件石椁被收藏在陕西历史博物馆中。

它是怎么到了美国的呢?是盗墓贼所为。不法之徒盗掘了西安市南郊的一座唐代墓葬,将其中的石椁拆卸,打包运走,并通过走私渠道将文物运送到了国外,最终落到了一个美国古董商手中。该团伙被警方一网打尽,但追缴石椁却是一个艰难的过程:美国古董商向中国方面索要经济赔偿,中方则运用国际法对其晓以利害,并且向他介绍了墓主人的身份和重要性，最终这位古董商同意无偿向中方交还石椁。于是就有了开篇所讲的那个场景。这个新闻可谓轰动一时，这是中国第一次在国际上通过法律手段无偿追回珍贵文物。

盗墓贼受到了法律的严惩。但令人哭笑不得的是，这些家伙直到被抓之前都不知道石椁的主人究竟是男是女、姓字名谁。考古工作者对墓室进行了仔细的清理，在一块哀册残块上发现了"贞顺"两个字。根据这件哀册，再加上文献记载和墓葬形制等证据，考古部门断定：墓主是唐代鼎鼎有名的后妃武惠妃，死后追赠贞顺皇后，葬入敬陵。

武惠妃石椁外观

武惠妃是武则天堂侄武攸止的女儿，换句话说，是武则天的侄孙女。父亲早逝，武则天可怜这个孩子，于是将她养在宫中。长大后的武惠妃非常漂亮，能歌善舞。根据《新唐书》的记载，唐代有《武惠妃舞图》传世，可见她的舞姿一定非常曼妙。这一点也是后来唐玄宗看上她的主要原因。唐玄宗先后宠爱的后妃差不多都容貌秀丽且能歌善舞，因为唐玄宗本人就是个音乐家，所以择偶时很看重这一点。

一、专宠后宫

武惠妃在李隆基当皇帝之前就嫁给了他,但那时的太子妃不是她,而是王氏。这个王氏也不是等闲之辈。当年李隆基正在策划与太平公主的斗争,那时候可谓"黑云压城城欲摧",生死一线间。王氏积极参与了谋划工作,立有大功。按理说这个皇后位子应该算很稳固,但是她却有一个心腹大患,什么呢?她无法生育,没孩子。这一点在宫廷里可是致命的缺陷,所以王氏非常焦急。尤其是此时,武惠妃日渐受宠,王皇后心中愤愤不平,而且越往后越焦急,甚至多次对玄宗口出不逊。

或许王皇后此时会想起另一个王皇后——唐高宗王皇后,那个王皇后也是原配,也是无子,而且最后也是败在了一个武氏的手下,这一幕可千万别重演啊。但她老是那么闹,唐玄宗已经很不耐烦了,他和一个叫姜皎的大臣商议,秘密策划废后。结果这个姜皎嘴巴不牢,给泄露出去了。这下子唐玄宗恼了,将姜皎杖六十,流放到外地。至于废后的事情,也只好暂时搁下。

但是这件事仍然对王皇后产生了巨大的刺激,她想:我要是不采取点措施,看来一定要完蛋。采取什么措施呢?她计无所出,竟然求助于巫术。她的哥哥王守一学了一个什么祭北斗法,在霹雳木上刻咒语,再加上李隆基的名字,然后让王皇后佩戴在身上,祝愿说:"后有子,与则天比。"(《新唐书》卷七六《后妃传上》)意思是希望王皇后能生个儿子,而且地位能和武则天一样。

这件事被人揭发,唐玄宗勃然大怒。不仅是因为皇后竟然搞巫术,更重要的是因为那句祝愿语,什么叫"与则天比"?意思是你想当武则天,想取代我李唐?唐玄宗对这件事格外敏感,是他的一个雷区。为什么这么说呢?

李隆基的母亲窦氏就是被武则天杀害的,杀了之后连尸首都无影无踪了。李隆基从政之后，代表朝中以儒家正统价值观为主导思想的那一派，这一派对武周王朝以及女人专政是非常反感的。而且李隆基前半生的主要政敌都是女人，韦皇后、安乐公主、上官婉儿、太平公主，这些女人都是在武则天的影响之下积极参政的，所以他时刻警惕着第二个武则天的出现。这回可好，自己的皇后竟然做法事希望成为武则天第二，这是他绝对不能容忍的。于是王皇后就此被废，后来郁郁而终。

大家可能要问了，武惠妃不是武则天的亲戚吗？李隆基为什么就能接受她呢？要知道，武惠妃此时并没有任何从政干政的迹象，而且李隆基自己身上还有武则天的血统呢。李隆基自信是可以管好后宫的，王皇后不就是刚一露出马脚就被收拾了吗？

武惠妃很快就专宠后宫，集三千宠爱于一身。惠妃这个名号是唐玄宗创立的，皇后之下有三夫人，分别是惠妃、丽妃、华妃，都是正一品。武惠妃在后宫的地位相当于皇后，权势也相当于皇后，但就是没有皇后的名分，这是为什么呢？

原因还是在于李隆基。李隆基自从废掉王皇后之后，再也不立新皇后。武惠妃也好，后来的杨贵妃也好，再受宠也不给皇后的名分。原因很简单，就是防备有人借着皇后的位置谋求当武则天第二。武惠妃呢？她当然渴望后位，哪个后宫女性不渴望啊？可是她实在是没有办法左右唐玄宗的想法。唐玄宗是个强势的皇帝，从这一点上来说，后宫想要弄权也是很难的。

二、恃子而骄

要想在后宫长期专宠，生孩子是不二法门。王皇后的失败可谓殷鉴不远，可是，武惠妃刚开始生孩子的过程也是坎坷无比。

武惠妃一生育有七个孩子，但是前三个都夭折了。古代儿童的夭折率很高，就是皇宫也无法幸免，皇子皇女夭折的比比皆是。开元初年，武惠妃生了长子李嗣一，又叫李一，在唐玄宗所有儿子中排行第九，一生下来就很受玄宗喜爱，因为这个孩子长得特别漂亮。可惜的是，这个孩子还不到周岁就死掉了（《大唐故悼王石塔铭》）。唐玄宗伤心欲绝，当时他和武惠妃正住在洛阳，将这个孩子追赠为夏悼王，然后葬在洛阳以南龙门石窟附近的一座小山岗上。为什么呢？是想从宫中随时可以看到孩子的墓。武惠妃次子名叫李敏，也是漂亮可爱，却死于襁褓，追封为怀哀王。后来又生了一个女儿，也是貌美，武惠妃的遗传基因大概真的很好，但是这个孩子也夭折了，追封为上仙公主。然后，武惠妃又生下了李瑁，也就是杨玉环的第一任丈夫。

面对这个新生儿，武惠妃忧心忡忡：自己之前生了三个孩子，全部夭折。虽说古代儿童夭折率很高，但像武惠妃这样倒霉的也是很少见的。所以武惠妃怕了，就怕这个孩子重蹈他哥哥姐姐们的覆辙，怎么办呢？当时有一个风俗，要是担心自己生的孩子养不活，就把他送到寺庙里去，或者交给其他人抚养，借此来冲一冲。所以，孩子刚生下来，唐玄宗的大哥李宪就主动站出来要求抚养。李宪，原名李成器，是唐睿宗长子。按理说李成器有资格当太子、当皇帝，但他性格敦厚，看见李隆基立下大功，于是主动恳请父亲立李隆基为太子，并且一生不过问政事，很有自知之明。所以在他去世后，李隆基十分悲痛，追封他为让皇帝，按天子礼仪安葬。这个大哥很能体谅自己皇帝弟弟的苦衷，所以要求抚养李瑁，他的夫人亲自哺乳。而唐玄宗之所以将儿子交给他抚养，估计首先求的就是一个放心——大哥敦厚，不会教坏这个孩子。说实话，李隆基也在盼望武惠妃的儿子能长大成人，因为他是有想法的，这个想法后来付诸实践了。

李瑁真的活下来了，从此武惠妃的生育之路就很顺畅了，先后生了盛王李琦、咸宜公主、太华公主。这些孩子都长大成人了。对于武惠妃来说，这下子算是有了骄傲的资本了。尤其是李瑁，漂亮可爱而且十分聪明，七岁时觐见皇帝，一群皇子行礼，李瑁行礼最规矩，一丝不苟，可见李宪教育有方，唐玄宗见了十分高兴。这个孩子在唐玄宗所有儿子里排行十八,所以人称十八郎。开元十三年(725年),李瑁被封为寿王,回到了皇宫。

也就在此时,武惠妃开始谋划自己的大事了。什么大事呢?就是当皇后。以前自己想当,但是当不上,她认为最大的原因就是自己的孩子总是存活不下来。现在好了,眼见李瑁一表人才,而且玄宗对这个儿子喜爱有加,她觉得时机成熟了。她是怎么提出来的,怎么劝动唐玄宗的,这一点史籍记载不是很清楚。不过在《唐会要》中保留有反对此事的大臣的奏言,全文很长,咱们拣其中重要的字句来看一看。

理由一,武惠妃是武则天后代。

反对者提出:"父母之仇,不共戴天,……岂得欲以武氏为国母?"(《唐会要》卷三《皇后》)意思是提醒玄宗,武氏曾经篡夺过国权,而且武则天杀害过你的母亲,你怎么能让武家女子当皇后呢?反对者还列举了武惠妃的叔叔武三思、武延秀等人的种种劣迹,那意思是武家就不是东西,您要选皇后也得看娘家背景啊。

理由二,此事乃张说(yuè)阴谋。

张说是唐玄宗开元前期一个重要的大臣。此人才高八斗,堪称天下一等一的大才子,当年参加科举,考了甲等,武则天觉得不可思议,因为自从有科举以来还没人获得过甲等,张说可谓破纪录啊,于是硬把他降为乙等。但是是金子就会发光,张说很快鹤立鸡群,比他的同年们进步快多了,被人誉为"燕许大手笔"。后来,官拜宰相,做出了很多有利于国计民生的政绩,尤其是提拔了未来的名相张九龄。

但是张说性格暴躁,而且贪利。唐玄宗要去泰山封禅,委托他拟定随行者名单。封禅是大事,如果能随行不仅光荣,而且可以加官晋爵,所以竞争很激烈。而张说拟定的名单照顾亲旧,很不公平,引发了朝野的反感。不久他就因勾结术士、贪赃枉法等罪名遭到了很多重臣的联名举报。唐玄宗本来想重重治他的罪,但是高力士出来说情,说他去张说家,看到张说惊恐万状,蓬头垢面,坐在草席子上,用瓦盆吃饭,就等您降罪,太可怜了。于是唐玄宗动了恻隐之心,只是免去了他的中书令之职,让他在集贤院专修国史,宰相大权算是架空了。

反对者指出,武惠妃想立后是张说的阴谋,意思是张说想借机重回权力巅峰。其实此事颇有些让人怀疑,张说都已经丧失实权了,武惠妃此时勾结他有何意义?或许是因为张说年轻时多受武则天赏识,有人故意把他和武惠妃联系起来,而且这个奏章递上来的时候正是张说被免职不久,此时把他拉出来陪绑,显得更有说服力,更能引发唐玄宗对立后一事的警觉。

理由三,动摇现任太子之位。

反对者认为,"且太子本非惠妃所生,惠妃复自有子,若惠妃一登宸极,则储位实恐不安"(《唐会要》卷三《皇后》)。反对者又列举了一大堆历史典故,告诉唐玄宗这种状况有多么危险。

这个反对意见看来是奏效了,唐玄宗没有立武惠妃为皇后,这算得上是武惠妃的一大挫败。武惠妃当然会非常失望。此事值得怀疑,一封奏章就让唐玄宗打消立后念头这件事,恐怕根本原因是唐玄宗压根儿不打算立后。不立皇后是唐玄宗的原则,而武惠妃一定要当皇后,唐玄宗不好驳爱妃的面子,于是就借着大臣反对,顺理成章让此事黄了。

这件事发生于开元十四年(726年),第二年,寿王李瑁遥领益州大都督、剑南节度大使。什么叫"遥领"?就是皇子不去地方赴任,挂个名。估计给李瑁这个任命是为了安抚武惠妃那颗受伤的心。但是武惠妃因为有李瑁这个唐玄宗最喜爱的儿子,心气儿已经很高了,对其他皇子包括太子早都不放在眼里,此番挫败只能让她愈挫愈勇。说实话,此时还真能看出武家血统对她的影响。

三、夺嫡斗争

唐朝的一大政治弊端就是储君问题始终得不到妥善解决,唐朝能顺利即位的太子还不到太子总数的一半。当年武则天就曾顺利扳倒过唐高宗太子李忠。武惠妃呢？她从立后失败这件事中得出一个结论，那就是要想上位，要先扳倒现任太子，然后母凭子贵，当皇后是顺理成章的事情。

于是她把目光瞄准了当时的太子李瑛。

李瑛是唐玄宗第二子，他的母亲是赵丽妃。丽妃和惠妃一样，都是正一品夫人。赵丽妃是大美女，善歌舞，李隆基早年当潞州别驾的时候娶了她，本来很受宠爱，但自从有了武惠妃，她就逐渐失宠了。李瑛作为太子，看着自己的母亲如此失意，内心自然不满，尤其对武惠妃十分不满。而且他还有两个志同道合者，就是他的兄弟鄂王李瑶、光王李琚。

鄂王李瑶的母亲是皇甫德仪，光王李琚的母亲是刘才人，这两个女人都是李隆基当临淄王时受宠的，但是此时都失宠了。尤其是武惠妃生了寿王李瑁之后，李隆基越发偏爱这对母子，所以她们也好，她们的儿子也好，怨气越积越多。李瑶、李琚常去找李瑛，三个年轻人聚在一起就是骂武惠妃和李瑁。

但是祸从口出。朝中有一个叫杨洄的官员，他娶的是武惠妃的女儿咸宜公主。此人是个小人，想往上爬，通过什么途径呢？当然是讨丈母娘欢心啊。丈母娘此时最大的愿望是什么呢？那就是扳倒现任太子，所以杨洄就四处侦察太子他们的言论。三个年轻人不是爱骂武惠妃吗？杨洄可能收买了太子身边的宦官或者宫女，很快就把消息探听到了，于是汇报给武惠妃。武惠妃这下子有理由了，她跑到皇帝面前哭诉：太子他们阴谋结党，想谋害臣妾，而且他们的目标还不止是臣妾，他们还想害您。前半句还算有点影子，后半句则纯属武惠妃添油加醋。

唐玄宗听了大怒，他对太子李瑛早就没了父子感情，对武惠妃倒是无比宠信。所以偏听偏信，想将三位皇子一并废黜。唐朝历史上还没有过一日废三位皇子的先例。大家都觉得冤枉，三位皇子不过是发牢骚罢了，谋反之类，证据不足，现在唯一的证据就是武惠妃的告发，这能算证据吗？但是皇帝如此震怒，无人敢劝谏，只有宰相张九龄挺身而出。张九龄为人正直，史书说他"尚直"。此时的唐玄宗政治上正在走下坡路，昏招迭出，也就是张九龄在，还能独当一面。张九龄指出，三位皇子一直生长于深宫之中，接受正统教育，从未听说有大的过犯，今天您听信无根无据的传言就要废三位皇子，臣不敢奉诏。他还列举了历史上晋献公、汉武帝、晋惠帝、隋文帝杀害或者废黜皇子导致动乱的事例，劝唐玄宗回心转意。唐玄宗开始犹豫起来了。

武惠妃看到张九龄如此坚决，觉得有必要做一下他的工作。她秘密派遣了自己的一个奴仆牛贵儿，悄悄来到张府，对张九龄说："废必有兴，公为援，宰相可长处。"（《新唐书》卷一二六《张九龄传》）这句话可谓威逼利诱，意思是这太子是非换不可的，你要是能做我的同党，你这宰相的位子可以长久保持下去。很明显，还有一层没说的意思：你要是不听我的呢，你的宰相之位也就保不住了。

张九龄听了勃然大怒，将牛贵儿大骂一顿，并立即向皇帝汇报了此事。唐玄宗觉得这事儿的确是出格了，后妃直接干政，违背了自己多年的规矩，张九龄此时把这事儿放到明面儿上批评，唐玄宗什么话也说不出来，只好暂时按捺住废黜三位皇子的念头。此事算是暂时过去了。

但问题是张九龄开始逐渐自身难保了。这倒不是武惠妃搞的，而是李林甫搞的，当然，根子还得追到唐玄宗头上去。唐玄宗前半生真的是个励精图治的好皇帝，聪明睿智强干。但是从此时开始，他皇帝当久了，已经失去了锐气，开始一味追求享乐，而且越来越厌恶大臣犯颜直谏，越来越喜欢听好话、软话。自古及今的历史学家都认为：李林甫代替张九龄就是唐玄宗下坡路的开端。

张九龄，老臣，耿直而且严肃，做事刻板认真，唐玄宗越来越不喜欢他。李林甫，聪明，会来事儿，尤其善于揣摩君主的心思，他最擅长的就是在玄宗遭到其他大臣批评或劝谏的时候，悄悄背地里找到玄宗，跟他说："您是皇帝，要怎么做就怎么做，何必在意他们的意见？皇帝嘛，本来就该乾纲独断才是。"所以两相对比，皇帝越来越喜欢李林甫，越来越讨厌张九龄。

李林甫明白，要想取张九龄而代之，除了在外朝努力，宫内也要有自己的力量，所以他很快就和武惠妃结成了盟友。他通过一个宦官告诉武惠妃说："我愿保护寿王。"武惠妃大喜，在唐玄宗面前没少说李林甫的好话。

唐玄宗任命李林甫为中书令，而张九龄则为右丞相，并罢其政事，实际上就是剥夺了张九龄的权力。李林甫得偿所愿，但是这还不算完，他一定要置张九龄于死地。借一个言官冒犯天颜，他提醒皇帝，您可别忘了这个言官是谁提拔起来的，那是张九龄的人。唐玄宗大怒，于开元二十五年（737年）四月贬张九龄为荆州长史，张九龄不久郁郁而终。

张九龄刚刚被贬，武惠妃这边就开始动手脚。杨洄又当了回马前卒，他举报说太子瑛、鄂王瑶、光王琚与太子妃兄薛锈密谋造反。有史料说武惠妃玩了一个花招，她派人去找太子和二王，说是宫中有人谋反，请他们赶紧来帮助平叛。太子三人听说后立即穿上铠甲，拿好兵器，准备带人冲入宫中救驾。然后武惠妃又跑到唐玄宗面前说不得了啦，太子谋反！唐玄宗派了一个宦官到太子那里去看情况，结果看见太子全副武装正在那里调兵遣将，于是唐玄宗认定太子谋反。但是《资治通鉴》的作者司马光不相信这个记载，他说，太子兄弟三人与武惠妃互相猜忌已久，怎么可能因为武惠妃一句话就全副武装要冲入宫中，他们有那么愚蠢吗？再者，后来唐玄宗发布的废太子制书里只是指责太子要谋害寿王李瑁，没有提所谓武装冲击宫廷的事情，可见此事大概是虚构的。

唐玄宗把太子一案交给群臣讨论。此时李林甫站出来回答了这么一句："此陛下家事，非臣等所宜豫。"（《资治通鉴》卷二一四《唐纪三十》）这是在模仿当年李勣在唐高宗就立不立武则天为后时候回答的那句话："此乃陛下家事，何必更问外人。"唐玄宗听到这句话，立即下定决心：同一天废三位皇子为庶人，然后又将他们赐死。

这一番变故，可谓惊天动地。唐朝历史上还没有同一天贬三位皇子为庶人而且还处死的先例，这是个标志性事件。张九龄的下台导致三位皇子失去最后的保护伞，而李林甫则通过这件事展现了他弄权的机巧和野心。

处死三位皇子，武惠妃是不是扬眉吐气了呢？还真没有，这是武惠妃要的结果，但是却没有给她带来预料中的好处。

三位皇子冤死之后，武惠妃颇有点做贼心虚，她总觉得三位皇子的鬼魂缠着她。哪里来的什么鬼魂，纯粹是心里有鬼。武惠妃甚至被吓病了，还请巫师作法，甚至让人将皇子们的尸体重新加以安葬，并且祭祀。即便如此，武惠妃还是没有好转，最终在惊恐中去世。三位皇子是开元二十五年四月二十三日被处死的，她则在当年十二月去世，不禁让人感叹，这一番折腾究竟是为了什么？

唐玄宗因为她的死悲痛异常，郁郁寡欢，但即便如此，他也没有实现武惠妃最大的遗愿——立李瑁为太子。

三位皇子事件后，李林甫这一派当然想拥立寿王瑁。但根据《新唐书》的记载，唐玄宗似乎另有所思，那些天他一直陷入深思，寝食难安。高力士问：您这是为什么，是为了立太子的事情吗？唐玄宗说是，你是我的家老，你觉得怎么办好？高力士回答说："嗣君未定耶？推长而立，孰敢争？"（《新唐书》卷二〇七《宦者传上》）意思是您要是犹豫不决，那么就推年长的儿子而立，谁敢说半个"不"字？皇帝一听，恍然大悟：对呀，这样做谁也说不了什么。于是决定立三子李亨为太子，这也就是未来的唐肃宗。

高力士的意思当然是希望立李亨为太子，可问题是李亨是李隆基第三子，怎么是"长"呢？原来呀，唐玄宗长子叫李琮，这个孩子没大问题，可是不能让他当太子，为什么呢？要说这孩子也倒霉，有一次在禁苑中打猎，被野兽所伤，破相了，一个破相的人当皇帝不成体统，所以李隆基不能考虑他。那么二儿子呢，就是刚死的李瑛啊。所以现在要论能立储的人，李亨算是最长的了。高力士的意思是，现如今，你又要立储，又不愿意引起纷争，那就必须用绝对标准取代相对标准，什么贤能不贤能那是相对标准，只有年龄是绝对标准，拿出来别人不好说什么。

　　这件事反映出唐玄宗从根上还是没有立寿王瑁为太子的意思。虽然他将三位皇子赐死，但是却不愿意在所有问题上受武惠妃、李林甫的左右，这大概还是他防止后妃弄权的思想在起作用。所以他在最关键的立太子一事上还是不愿意顺着武惠妃、李林甫他们。武惠妃死了，他也没有改变主意，他不愿意让李瑁这个获得很多重臣支持的皇子当太子。李隆基一生都在防备周围亲属势力坐大，李林甫等人越是支持李瑁，他越不能立他。与世无争、口碑不错的三子李亨就此捡了一个大漏，唐玄宗就只好对不起死去的武惠妃了。

　　所以说，武惠妃可恨又可怜。可恨的是为了一己之私利，在宫廷内掀起那么大的波澜，最终害人害己；可怜的是，您说这个女人是那种穷凶极恶之人吗？

第十二讲　帝国悲歌——杨贵妃

公元757年十月，正在成都的太上皇唐玄宗得到了一个令人振奋的消息——长安城被收复，唐肃宗请他御驾还京。现在成都北边还有个天回镇，当地传说唐玄宗就是从此回銮的，"天回"这个词就是纪念此事的。

天子回銮，国家也开始转运。可以想象，当唐玄宗一行踏上北归路程的时候，队伍中其他人都欣喜若狂，但玄宗本人一定是悲喜交加的。喜的是国家重新看到了希望，悲的是自己的政治生命乃至人生实际上已经结束，尤其是他要重新踏上那片令人伤心的土地，那里埋葬着一个让他梦牵魂萦的女人，那就是杨贵妃杨玉环。当他让人挖开杨贵妃墓穴的时候，杨玉环肉身已经荡然无存，只有香囊犹在。一代传奇贵妃的结局就是如此凄凉。

相信大多数读者对杨玉环的基本情况都有所了解。杨玉环，祖籍山西，为中国古代四大美人之一。她风华绝代，能歌善舞，后来成为唐玄宗的妃子，最后在安史之乱中被哗变的禁军逼迫而死。她虽然只活了三十多岁，但是经历却极其丰富。历代文人墨客都对她和唐玄宗的故事进行了浓墨重彩的渲染，其中白居易的《长恨歌》更是家喻户晓。对杨贵妃感兴趣的不只是中国人，连日本人也来凑热闹，有关杨贵妃没有死而是逃到日本的传说在日本很有市场。

仅用一讲的篇幅来介绍杨贵妃，难免蜻蜓点水，所以我们就抓住有关她的几个焦点问题加以探讨。

一、怎么看待杨贵妃的进宫

杨贵妃的进宫，不可简单地看作是唐玄宗追求美色的结果。杨玉环的美貌是她进宫的首要原因，这一点毫无疑问，可是要知道，古代帝王婚姻，很少有不顾及政治因素者。我们首先简单回顾一下杨贵妃的入宫。

唐玄宗原本最喜爱的妃子是武惠妃。武惠妃死于开元二十五年（737年），她死后，唐玄宗陷入极大的悲痛中，长时间怏怏不乐。此时高力士向他推荐了一个人。谁呢？寿王李瑁的妃子杨氏，此女美貌异常，高力士估计她可以抚平玄宗皇帝的丧妃之痛。

杨玉环本是寿王李瑁的王妃，这事儿按理来说是乱了纲常。高力士怎么能出这种主意呢？不过，唐朝宫廷内这种乱了辈分的婚姻还真不乏先例：武则天是其中最有名的，她原是太宗的妃子，后来成了唐高宗的皇后；最近出土的上官婉儿墓志告诉我们，上官婉儿以前是唐高宗的才人，后来成了唐中宗的昭容。宋代朱熹曾评价说："唐源流出于夷狄，闺门失礼之事不以为异。"（《朱子语类》卷一三六）意思是，唐朝血统复杂，尤其是皇室，有一半的鲜卑血统，所以婚姻中不把辈分当回事儿。的确，草原游牧民族有所谓收继婚，又叫转房婚，女性在丈夫死后改嫁给夫家其他男性，例如亡夫的叔、伯、侄、甥，甚至是自己非亲生的儿子。这个风俗在北方草原游牧民族内广泛存在，所以对于李唐皇室来说，他们在这个问题上的心理障碍比其他朝代的人要小。

不过也不是毫无顾忌，毕竟受儒家思想教育那么久了。武则天嫁给唐高宗前经历过出家，上官婉儿是在唐高宗去世之后很久才嫁给了唐中宗，中间还隔了一个武周王朝。这回杨玉环嫁给唐玄宗，是以为窦太后追福为名义，先是出家为女道士，然后再被立为妃。而且为了安抚寿王，唐玄宗还特地给李瑁另娶了一位官员的女儿韦氏为妻，并且把册立杨玉环的仪式放在了李瑁大婚一个多月后。

这里提一个有些八卦的问题：杨玉环真的是天下第一美女吗？

这个问题看似八卦，实际上涉及当时的婚姻制度和政治背景。

唐代婚姻，尤其是皇室、贵族婚姻，非常重视门第。例如，当年唐高宗想立武则天为后，遭到众大臣的反对，反对的理由之一就是武则天的门第低，所以皇帝选妃不会不顾及门第和政治背景。杨玉环的生父是杨玄琰，虽然官职不高而且很早就去世了，但是其先祖是弘农杨氏，所以杨玉环也算是有门第的。值得注意的是，武则天的母亲也出自此族，所以杨玉环可以被看作是武家大集团出身。促成李杨婚姻的关键人物高力士，又与武家一派关系密切。高力士本是岭南人士，因为父亲犯罪而被迫当了宦官，后来被宦官高延福收为养子，高延福就出自武三思家，所以史书记载说高力士与武家关系紧密，武则天在世期间还曾将高力士召入禁中。根据高力士墓志记载，他原名冯元一，力士一名还是武则天所赐。著名历史学家陈寅恪先生就曾指出，高力士身份特殊，一方面，他是唐玄宗最信赖的人；另一方面，他从小就和武家关系密切。而杨贵妃呢，前面说过，她可以被看作是武家大集团出身。所以他认为，高力士推荐杨玉环，首先当然是因为杨氏美貌，可以抚平唐玄宗的伤痛；二则是因为可以巩固李武韦杨这个靠婚姻维系在一起的利益集团。因此，陈先生说："世人往往以贵妃之色艺为当时大唐帝国数千万女性之冠，鄙意尚有疑问，但其为此集团中色艺无双之人，则可断言，盖力士搜拔之范围原有限制……"（《记唐代之李武韦杨婚姻集团》）意思是，杨贵妃固然貌美，但她只是这个集团内最美丽者，不见得是整个唐王朝最美丽的女子。

二、杨贵妃是弄权的后妃吗？

历朝历代几乎都不缺乏弄权的后妃，唐王朝更是如此。其实所谓弄权，不过是男性社会对女性执政者的蔑称罢了。和男性政治家一样，女性政治家有好有坏，因人而异。"红颜祸国论"将王朝之兴替归结为君主贤明与否，而君主是否贤明，又取决于其是否好色，女人一旦漂亮，一旦居于高位，那不用说，国家动乱的罪名就是你的了。千百年来，杨贵妃都被指责为安史之乱的元凶、亡国乱政之源。再加上她的同族兄弟杨国忠因她而拜相，而安史之乱又与此人有很大关系，加之安禄山又和她有所谓的绯闻，所以更坐实了杨玉环的罪名。也就是最近几十年来，唯物史观才给她一个相对公允的评价。

首先，杨玉环的得势的确使她周边的人鸡犬升天。

杨国忠、她的姐姐们都不是省油的灯，尤其是杨国忠，很快被提拔，直线上升，最后甚至官拜宰相。这个人本性贪婪、能力低下、心眼极坏，从哪个角度来说都是乱政之臣。李隆基由励精图治到松懈怠政，这点从任命宰相就能看得出来：最初姚崇、张九龄多好，都是伟大的政治家；后来任命了李林甫，形势急转直下；最后任命的杨国忠，连安禄山都瞧不起他。所以，安史之乱是李隆基一手造成的，没有杨国忠也有李国忠、张国忠。杨贵妃不应该为此负责，至少不该负全责。

其次，杨玉环本身没有弄权的条件。

历史上弄权的女性都要有机遇的，什么机遇呢？就是皇帝懦弱或者年幼，又或者重病在身。李隆基是多强势的人物，怎么会给杨玉环这样的机会？更何况，他是一个以消灭女人专政为目标的人。李隆基幼年时母亲死于武则天之手，所以他特别警惕女人专政，登基称帝前后几乎就一直在和女人斗争：韦皇后、安乐公主、上官婉儿、太平公主……他自己的王皇后因为无子,所以就请人做法事,那人祝愿说王皇后生下儿子之后,但愿王皇后能像武则天那样。这事泄露出去,使唐玄宗震怒。他要防的就是女权专政的再现,因此将王皇后废黜,从此多年不立皇后。即便受宠如武惠妃,最多也就是进点谗言而已,从哪个角度来说都不算弄权,只能算是敲敲边鼓,而且在三皇子死后还把自己吓死了。她一生也没被立为皇后。

再次,杨玉环无强烈的权力欲。

杨玉环与武则天、太平公主不一样,她是个纯粹的小女人,就是喜欢玩点小情调而已,本身没有什么野心。在史籍中找不到有关杨玉环弄权、搬弄是非的记载。

不过,这里可能需要回答一个问题,有传闻说杨玉环弄权陷害过李白,此事是真是假?

三、杨玉环是否陷害过李白

据《松窗杂录》记载,有一年春季牡丹盛开,李隆基和杨玉环在兴庆宫沉香亭赏花。美景美人,赏心悦目,皇帝很高兴。有人提议弹奏一曲,李隆基说,如此美景,岂能用旧曲陈词,应该填一首新词。于是命人召李白入宫,让他填首新词。李白当时酒还没醒,不过这不耽误事,"李白斗酒诗百篇"嘛,越是醉,越是才思敏捷。只见李白大笔一挥,写就了三章《清平调》。其中"云想衣裳花想容,春风拂槛露花浓"成了经典名句。唐玄宗命人给这三章词谱上曲,亲自吹奏,杨玉环翩翩起舞。本来一切和美,但是高力士对杨贵妃说,不对呀,李白这首诗有问题,这是骂您啊。为什么呢?诗中有这么两句:"借问汉宫谁得似,可怜飞燕倚新妆。"这等于是把您比作汉代的赵飞燕,赵飞燕是汉成帝皇后,出身卑微,但是仗着美貌获得了宠爱,传说她在宫中搬弄是非,害过许皇后,陷害忠良,那是负面人物啊。杨贵妃一听怀恨在心,从此开始憎恨李白,于是撺掇唐玄宗把李白给撵出长安了。

此事假如为真,那么毫无疑问是杨玉环的罪过。可是问题在于此事是真是假，现代学者的主流意见是：此事纯属虚构。主要原因如下：

第一，时间不对。《松窗杂录》记载此事发生在开元年间，而李白当上翰林待诏是天宝初年的事情，在此之前他都没有常住长安，开元年间的唐玄宗怎么会找他写诗呢？而且杨氏被立为贵妃的时候，李白已经离开了长安，他怎么能写出此诗呢？

第二，和李白同时代或者稍晚的人没提过李白撰写过这三章《清平调》，这个说法一直到晚唐才出现。

第三，历史上李白的确遭过陷害，但施害人不是杨贵妃，也不是高力士。他的亲戚李阳冰在《草堂集序》里说："丑正同列，害能成谤，格言不入，帝用疏之。"也就是说，这个陷害李白的人与他"同列"，同朝为官，而且职位相近。那这当然不是杨贵妃，也不可能是高力士，高力士是内官，不能和朝臣称同列。李白好友魏颢的《李翰林集序》告诉了我们这个诬告李白的人是谁，是张垍。张垍是中书舍人，供奉翰林，他才符合"同列"这个特征。他和李白有矛盾，告过李白。那么，所谓李白因为《清平调》遭到杨贵妃和高力士陷害也就是无稽之谈了。

第四，李白有一首《雪谗诗赠友人》，里面说："彼妇人之猖狂，不如鹊之彊彊。彼妇人之淫昏，不如鹑之奔奔。"这首诗常被人用来证明李白遭过杨贵妃陷害，尤其是"淫昏"二字，被认为是讽刺杨贵妃与安禄山之间的绯闻。但是著名历史学家郭沫若指出，此妇人指的是李白的非正式夫人刘氏，刘氏与李白离异后，曾在李白友人处搬弄是非，这首诗就写在此时，时间大约是天宝四载（745年）。而根据《资治通鉴》记载，有关杨贵妃与安禄山的丑闻是天宝十载（751年）前后的事情，李白怎么可能预知呢？

第五，李白本人也要对政治上的失意负一定责任。李白一直想当中书舍人，中书舍人是皇帝的笔杆子，是很重要的职位，唐玄宗很欣赏他的才华，但为什么只让他辅佐翰林呢？主要原因还在李白自己身上。他性格豪放不羁，又爱饮酒，几杯酒下肚嘴上就没了把门的。《唐六典》

规定:"风疾、使酒,不得任侍奉之官。"中书舍人属侍奉官,李白酒名远扬,所以本身就不合适。有史料说:"玄宗甚爱其才,或虑乘醉出入省中,不能不言温室树,恐掇后患。"(《唐左拾遗翰林学士李公新墓碑并序》)"温室树"典出《汉书》,汉代有个叫孔光的大臣掌机要,嘴很严,家人打听温室殿旁种何树,他竟然不回答。这一点李白能做到吗?显然不行。当官和当诗人毕竟不是一回事,当官需要的是严谨小心,这方面李白肯定不合格。所以舍弃李白是唐玄宗不得已的选择,这事儿和杨玉环没关系。

综合以上可以说,《清平调》虽然很美,但真的不是李白的作品,那么围绕它发生的所谓杨贵妃陷害李白的事情自然也就是虚假的了。

四、杨玉环和安禄山的"绯闻"是真是假

杨玉环的确与安史之乱的爆发脱不开干系。首先,当时有关于她和安禄山之间"绯闻"的传言。安禄山擅长伪装,善于讨皇帝的喜欢。他知道杨贵妃是李隆基的最爱,所以就故意拜杨贵妃为母,实际上他比杨贵妃年龄大,但就是这么寡廉鲜耻。且杨贵妃还和他嬉闹,按照当时的风俗,要"洗儿",也就是给孩子洗澡,安禄山体胖,就做了一个超大型号的褓褓,一群女人笑得前仰后合,唐玄宗也跑来凑热闹,赐"洗儿钱"。也就从这个时候开始,有关安禄山和杨贵妃的"绯闻"便传播开来。此事是真是假很难说,不能肯定也不可否定。有学者怀疑:以当时的宫廷制度而言,安禄山很难找到与杨贵妃单独相会的机会,尤其是唐玄宗,虽然有意笼络安禄山,但还不至于糊涂到对这种事浑然不觉的地步,所以认为这只是后世对杨贵妃艳情的想象而已。这种想象往往将复杂的事情简单化甚至庸俗化,例如,宋元时期著名的讲史话本《大宋宣和遗事》是这样评价杨玉环和安史之乱关系的:"那明皇宠爱妃子,春从春游,夜专夜寝,从此荒淫,每日更不坐朝听政。争奈那妃子与安禄山私通,却抱养禄山做孩儿。明皇得知,将安禄山差去渔阳田地,做了

节度使。那禄山思恋贵妃之色，举兵反叛。"安史之乱纷繁复杂的起因在这里被简单化处理，一言以蔽之，红颜祸国。似乎没了杨玉环，安禄山就守本分了。

要知道，千百年来大多数普通中国人的历史知识不是靠史书传承的，而是靠戏剧、评书等艺术形式来传承的。以《大宋宣和遗事》为代表的史话本对一般老百姓的影响可是超越正史的，所以这种传闻一千多年来不绝于耳。

五、杨贵妃的确死于马嵬坡兵变吗？

自古以来有关杨贵妃的下落就有多种传闻：有的说她逃走后出家当了女道士；有的说她被高力士用一个侍女给悄悄地替换，侍女替她死了，杨贵妃真身则逃走了；更离奇的说法是，她被日本遣唐使搭救，最后搭乘遣唐使的船出海，来到了日本，说她在久津登陆，后来因为疾病而去世，最后埋葬在那里，当地至今还保有相传为杨贵妃墓的一座五轮塔。在日本传为杨贵妃墓地的还不止这一处。

另外还有一种传说，说是杨贵妃到日本后还受到了孝谦天皇的接见。孝谦天皇是日本第四十六代天皇，而且也是一位女性，所以她对杨

日本山口县大津郡油谷町久津

贵妃充满同情。杨贵妃居住在奈良附近的和歌山，后来又迁居京都，而且传说她还帮助孝谦天皇平定过一次谋反叛乱。

这当然都是些虚无缥缈的传说，但这种传说在日本很有市场，到现在还有一些日本人自称是杨贵妃的后代。传闻只是传闻而已，什么叫悲剧？悲剧就是把美好的东西撕碎了给人看，越是美女，越是风华绝代，人们越是不愿意相信她下场凄惨，于是便加上种种善意的想象。因此，杨贵妃肯定是死于马嵬坡，这一点是毫无疑问的。理由如下：

首先，当时唐玄宗一行被哗变士兵包围，杨贵妃被迫自杀，她死后，士兵不可能不验尸。否则怎么能放心？有人说验尸的是禁军头领陈玄礼，他同情杨贵妃，所以让杨贵妃装死云云，这纯属无史料支持的臆测。陈玄礼率领禁军哗变，已经把杨家主要人物都杀完了，独留一个杨贵妃做什么？他自己就不担心杨贵妃日后报复吗？

其次，说杨贵妃未死的人，大多是受了白居易《长恨歌》的影响。《长恨歌》里有这么两句："马嵬坡下泥土中，不见玉颜空死处。"意思是，当唐玄宗从四川返回长安，路过马嵬坡的时候，他命人将杨贵妃的坟墓掘开，想找杨贵妃的尸骨，但是什么也没有。这给了后世很多想象的空间，也成了所谓杨玉环假死的证据。而且《长恨歌》后面还有一大段有关杨贵妃和唐玄宗相见的充满玄幻色彩的描述，更让人以为白居易是在暗示什么。要知道，《长恨歌》是文学创作，是诗人的想象，它是不能被作为史料看待的。白居易距离那个时代好几十年之久，他对宫廷、对那段历史的了解不一定比一般人多。举个例子，那句千古名句"七月七日长生殿，夜半无人私语时"就说明白居易不熟悉历史。唐玄宗时期的长生殿是供奉从老子到唐睿宗等皇帝灵位的地方，是所谓的"斋殿"，唐玄宗怎么会选择这个地方和杨贵妃缠绵呢？他不怕他爸揍他吗？宋代《长安志》还专门对此事加以解释："传以长生殿为寝殿，非也。"从这儿就能看出来，实际上白居易是在天马行空，因此那句空死处是不能当真的。下面来看看正史是如何记载的，《旧唐书》说：

"初瘗时以紫褥裹之，肌肤已坏，而香囊仍在。"很清楚，当坟墓掘开的时候，杨贵妃只剩下了一堆白骨，肌肤已经腐烂，只有一个香囊还算完好。负责的宦官将这个香囊递给了玄宗，玄宗唏嘘不已。这就是一代皇妃真正的结局。

  回到长安的唐玄宗已经失去了权力，也失去了他最爱的女人。在去世之前，他还曾前往华清宫，那里曾是他和杨贵妃卿卿我我的地方，留下了无数美好的回忆。根据《明皇杂录》的记载，沿途老百姓听说唐玄宗来了，纷纷出来欢迎。唐玄宗此时已经是垂垂老矣，乘坐步辇而行，有百姓问，太上皇啊，以前您来这里的时候，骑着马风驰电掣，甚至能赶上天空中飞翔的猎鹰，现在这是怎么了呢？唐玄宗苦笑着说：我老了，再也骑不动马了。老百姓听了无不唏嘘。当地有一个著名的舞女谢阿蛮，善跳《凌波曲》，当年曾为唐玄宗和杨贵妃表演，这次她再次表演，演完了谢阿蛮走上前来，出示了一个金臂环：这是当年贵妃赐给我的。唐玄宗拿着臂环大哭，周围人无不哭泣。这是大唐帝国的悲歌，是唐玄宗的悲歌，也是杨玉环的悲歌。

  当初马嵬坡兵变发生的时候，士兵们杀死了杨国忠，还要执意杀死杨贵妃，他们说了一句话："贼本尚在。"（《旧唐书》卷五一《后妃传上》）意思是，杨国忠等人的根本尚在，我们担心她以后报仇，所以要杀了她。这四个字很重要，"贼本"，即说士兵们并没有认为杨贵妃和杨国忠等一样是贼，但是又指出了她对于这场动乱的责任：没有你就没有这些贼。的确是这样。杨贵妃不弄权的原因在于她对政治一无所知，这种无知一方面让她对弄权毫无兴趣，一方面又让她对于一切潜在危险懵懂无知。她根本不懂得亢龙有悔，不懂得居安思危，也不懂得约束身边人。她没有长孙皇后那种识大体的皇后气质，她就是个小女子，遇到了一个松懈怠政的皇帝老公，身边又有个充满野心一心往上爬的同族兄弟，还有几个不着调的姐姐，人人都在利用她，而所有的责任最后却要她一个人来承担。这就是杨玉环悲剧的症结所在。

第十三讲　扫眉才子
——唐代的才女们

　　唐代没有那么浓厚的"女子无才便是德"的观念，因此学习文化的女性相当多。名门望族的女孩子一般都学习诗书，即便是一般人家的女孩子只要有机会也会去学习。虽然说女性的受教育程度还是比不上男性，但比起其他时代，唐代女性的文化水平还是相当高的，涌现出一大批才女。这里面有超级"大牌"才女。谁呢？上官婉儿，掌管修文馆，文坛领袖，号称"称量天下"。还有谁呢？武则天，擅长书法、诗文，而且本身还很爱才。这两位大家都很熟悉了，所以本讲咱们选择另外几位具有代表性的才女来看看，她们是唐代才女的总代表，通过她们的事迹，您就能对唐代女性的才华有一个大致的了解。

一、才女贤妃——徐惠

徐惠是历史上著名的才女,唐太宗的妃子,而且以贤德著称。唐太宗时期后宫的风气还是比较正的,这里面有长孙皇后的领导示范作用,同时也仰赖徐惠这样有正气的后妃的一起努力。

据说徐惠从小就有异象:五个月大就能咿呀学语;四岁时就可以背诵《论语》《诗经》;八岁时就开始写诗文,而且写得很有气势,一点也不像小女孩的作品。有一天,她父亲让她模拟《离骚》写一首诗,而且是命题作文——《拟小山篇》。啥叫小山?原来这是汉代淮安王门客们的共用笔名,他们这些人普遍敬仰屈原,推崇《离骚》。结果小徐惠朗朗咏诵出来:"仰幽岩而流盼,抚桂枝以凝想。将千龄兮此遇,荃何为兮独往?"(《新唐书》卷七六《后妃传上》)我看这美景,发思古之幽情,千年了我才有机会与你相遇,你又为何独自离开?她父亲看了这首诗大惊:写得太好了,不仅文笔美,而且有胸怀。

这个"你"是谁呢?"你"在诗文里是用"荃"代替的,"荃"指的是一种香草,后来引申为对对方的尊称。徐惠这是在写谁?学者普遍认为写的是屈原。这本来就是模仿屈原《离骚》,而且屈原距离唐代刚好将近千年,所以徐惠这是在表达对屈原的敬仰。所谓取法乎上得乎其中,小小的徐惠对正气的屈原如此推崇,品性可见一斑。

这首《拟小山篇》使徐惠名声大噪,后来,她写的诗文大都被人们争相传诵。相当于小小年龄就是个"微博名人",有几千万粉丝,写点什么立即转发得满世界都是。

后来唐太宗听说了她的大名,就召她入宫,立为才人。请注意,此时还有另一位才人武媚娘,不过不怎么受宠。而徐惠则不然,她很受唐太宗赏识,尤其是这个小女子非常勤奋,已经是妃嫔了,但是仍旧手不释卷,文章诗词也是越写越漂亮。唐太宗很欣赏,不久就把她提升为充容。徐惠深受长孙皇后的影响,长孙皇后虽然去世比较早,但是她的贤德举世闻名，虽然去世多年，但唐太宗仍然对她怀念不已。徐惠似乎很有成为长孙氏第二的抱负，不是说她想当皇后，而是说她以长孙氏为学习榜样。长孙氏不干政，但在大是大非面前总能帮太宗纠正过失，徐惠也是这样。唐太宗晚年，屡次对外用兵，再加上装修宫室，所以百姓负担比贞观前期要重。徐惠看在眼里急在心里，她上书给太宗，对他进行劝谏。她指出，人的欲望是没有穷尽的，四处征讨，劳民伤财，这是国家动乱的先兆，"有道之君，以逸逸人；无道之君，以乐乐身"（《新唐书》卷七六《后妃传上》）。意思是，有道的明君，将安逸给予别人；无道的昏君，以安乐娱乐自己。唐太宗看了之后非常欣赏，连连称善，给了徐惠很多的赏赐。这篇谏文又不胫而走，成为唐代文学史上的佳作。

唐太宗和徐惠之间有着深厚的感情，可以说，她是长孙皇后去世后唐太宗最宠爱的妃子。贞观二十三年（649年），唐太宗病逝，徐惠伤心欲绝，不久就一病不起，而且还拒绝吃药，她说先帝待我十分优厚，不如让我去陪着先帝吧。听到她这番话的人都很感动。永徽元年（650年），她就因为思念过度，身体逐渐垮掉，然后去世了。高宗皇帝听说之后很伤心，下令赠徐氏以"贤妃"称号，这是仅次于皇后的称号，而且下令按照徐贤妃的遗愿，将她和太宗一起安葬在昭陵地宫中。当时昭陵地宫还未完工，太宗灵柩还未埋入，所以徐惠得以和她所爱的男人葬在一起。

徐惠的一生可以用一个"才"字和一个"正"字来形容。"才"让她得以进宫靠近太宗，"正"让她在自己的身上延续了长孙皇后那样的贤德，为贞观之治做出了自己的贡献。

二、蜀中"女校书"薛涛

薛涛是唐代中期著名才女，长安人。出身官宦之家，从小饱读诗书。

据说薛父在世之时，有一次指着院中梧桐作诗说："庭除一古桐，耸干入云中。"当时只有八九岁的薛涛张嘴回答说:"枝迎南北鸟,叶送往来风。"(《全唐诗》卷八〇三)诗文对得很漂亮,但是薛父却皱眉了。为什么呢?因为这两句诗似乎预示着这个女儿要抛头露面,不祥之兆啊。后来薛父去世,薛家家道中落,薛涛不得已,十六岁左右在成都成为乐户。乐户主要从事歌舞等,算是贱口,古代歧视这种人。这恐怕就是抛头露面了吧。

乐户平时接触的达官贵人很多,里面很多人都是非常有才华的,那时才子们基本都当官啊。薛涛在与他们的接触中一点也不落下风,而且还擅长书法,很快她的大名就传播开来。

薛涛有个特点——嘴巴特别厉害,而且不饶人。尤其是对那些装腔作势的大官,她才不怕呢。有一次参加黎州刺史举办的宴会,宴会上行酒令,刺史说,这样吧,咱们每人从《千字文》中取一句,句中须带有禽鱼鸟兽之名。然后他第一个来:"有虞陶唐。"(《千字文》)有虞是舜帝,陶唐是尧帝。这一句就暴露了他不学无术,他把"虞"当成"鱼"了。大家都憋着笑,也不敢说什么。唯有薛涛一下子站起来,张嘴对了一句"佐时阿衡"(《千字文》),这是指商代的伊尹。刺史一听,你这四个字里可没有鱼啊,你输了!薛涛回答说,再怎么说,我这"衡"字中间还有条小鱼啊,您那"有虞陶唐"可是什么都没得啊。举座大笑,刺史十分尴尬。

当时来蜀地的文人墨客,无不以见薛涛一面为幸事,和她交往的人包括白居易、张籍、王建、刘禹锡、杜牧等名人。而且还有政坛重量级人物:一位是当地最高行政长官韦皋,此人很有韬略,镇守蜀地多年,十分有威望,乐山大佛就是在他手里建起来的;另外,还有宰相武元衡,此人是唐代著名宰相,比较有正气。

传说他们当中有人曾推荐薛涛为校书郎,《鉴诫录》等说是韦皋推荐的,《唐才子传》记载是武元衡推荐的。校书郎负责朝廷图书事务,看起来不起眼,实际上非常重要。唐代很多进士出道时都担任过这个职务,很多名人都是从这个职务上发迹的。所谓推荐薛涛为校书郎一事纯属讹传，韦皋、武元衡都是政坛上摸爬滚打出来的，怎么可能推荐一个女人，而且还是个乐户当校书郎？那非招来弹劾不可，他们谁都不可能这么做。《全唐诗》作者小传里说韦皋将薛涛称为"女校书"，这是给她起的外号。这个说法比较靠谱，韦皋是形容其学识高，仅此而已。

　　薛涛还能写一手好字。宋代的《宣和书谱》评她的字"无女子气"，而且颇得王羲之之法。夸赞她的字"无女子气"，大概指的是其字有力，有风骨。另外，根据《悦生堂所藏书画别录》的记载，宋代大臣贾似道还曾收藏她的《萱草》诗真迹。别看贾似道是个公认的奸臣，但他雅好古玩字画，在这方面很有造诣，能入他法眼的绝对不是庸俗之辈，可见薛涛的字的确很出类拔萃。但可惜的是，贾似道被贬乃至被杀后，他的一部分收藏流入民间，还有一部分传入内府，薛涛的字哪里去了就不得而知了。

　　还有个发明和薛涛有关。元和初年，薛涛发明了一种写信的信笺，非常有特色。她嫌街市上卖的信笺太粗笨，所以自己设计了一种专门用来写诗的信笺，比一般的纸张窄，而且据说因为制作时加入了木芙蓉的皮和芙蓉花的汁，所以颜色发红。这种信笺不仅适合写诗，而且很美丽，还有淡淡的香味，所以风靡蜀地，渭之"薛涛笺"。现在市面上还有薛涛笺卖，当然了，花纹、颜色比唐代更为丰富。

民国时期的薛涛笺

靠着薛涛笺，薛涛永远和诗歌联系在一起了。她所住的地方也很美丽，叫作浣花溪，她的生活可以用优雅、充实来形容。

薛涛在社交场上可谓阅人无数，呼风唤雨，但她的爱情却如飞蛾扑火般刻骨铭心。

元和四年（809年），薛涛遇到了一位青年才俊，并且迅速被这个青年吸引，这个青年就是后来鼎鼎有名的大诗人元稹。元稹相貌堂堂，诗文名满天下。他是白居易的挚友，和白居易并称"元白"。"曾经沧海难为水，除却巫山不是云"可谓千古名句。他因为得罪权贵，被贬到蜀地来当官，两人相识后，很快坠入爱河。元稹此前曾有过一段轰轰烈烈的恋情，恋爱对象是崔莺莺，后来元稹专门为此写了一篇《莺莺传》，这就是《西厢记》的原型，而他自己就是那位张生。元稹在和崔莺莺的这场恋情里始乱终弃，而他和薛涛的这场恋情又怎样呢？此时的薛涛已经人近中年，大元稹十岁左右，换句话说，他们是姐弟恋，可薛涛却觉得自己终于找到了真爱，所以全身心投入。你看她此时写给元稹的诗，跟她以往那种豪爽的风格迥然不同，完全是一个热恋中小女人的感觉。

但是好景不长，只过了三个多月，元稹就被调回京城，薛涛不得不与情郎分别。两人鸿雁传书，不断有诗歌往来。可这一别竟然是十余年，薛涛一直持守着对元稹的思念，矢志不渝。但是现实却很残酷，元稹在这个阶段内丧妻、纳妾，一直到长庆三年（823年），他担任浙东节度使的时候，才想起把薛涛接来重续旧情。也就在这个时候，他认识了浙东名妓刘采春，竟然见异思迁。他自己说，刘采春的文采比薛涛差远了，但是容貌比薛涛强。薛涛此时都是五十岁左右的人了，她能跟小姑娘比吗？由此可见，薛涛对元稹是真爱，元稹对薛涛只是欣赏，要说有爱，也是一年生草本植物，花开花落就完事了。

极度失望的薛涛写下了一首名诗《春望词》，其中有几句非常有名："花开不同赏，花落不同悲。欲问相思处，花开花落时。"当年元稹要来接她的这个许诺，从此雨打风吹去，但是她却为此坚守，终身未嫁。元稹的薄情让她心灰意冷，从此她脱下红装，换上道袍，与世无争，超然物外。

大和五年（831年），元稹卒。次年夏，薛涛亦卒，享年六十三岁。薛涛是无奈的，但也正是这种有缺憾的人生，才使她的形象更为丰满立体，毕竟一个一生顺风顺水的人是很难写出杰出的诗歌的。少年时家道的不幸，中年时感情的挫折，造就了一个有血有肉的薛涛。

三、心比天高命比纸薄——鱼玄机

鱼玄机，长安人。她是一位著名的才女，而且据说有倾国之色。她平民出身，早年间曾嫁给一个叫李亿的官员为妾。从这点就可以看出来，鱼家地位一定不高，否则怎么会当妾呢？但凡有点出身的人都要当妻的，因为唐代妻和妾之间界限分明，一般来讲即使妻死了妾也不能升格为妻。所以，唐代的男人如果没有妻有妾，仍然可以对外自称未婚。

鱼玄机，一个聪明绝顶且漂亮的女孩子，当了妾，原本就够憋屈了。没想到李亿的正妻嫉妒心很强，根本就不接纳丈夫纳的这个妾，甚至不让她进门。无可奈何，李亿把鱼玄机送入道观。

鱼玄机就此写下《寄李亿员外》，抒发了自己心中的怨愤："羞日遮罗袖，愁春懒起妆。易求无价宝，难得有情郎。"但是又有什么办法呢？她这样卑微的出身就只能是这样的命运。

在道观里，鱼玄机倒是很快适应了，而且逐渐如鱼得水。为什么呢？道观往往也是社交场合，唐代出家的女道士比一般女性有更多的社交活动，所以鱼玄机和很多名人雅士有来往。她才华高，于是很快就赢得了大家的赞赏，其中包括著名文学家温庭筠等。鱼玄机性格豪爽，而且颇有雄心壮志，但却觉得受累于自己的女身。有一天，她到崇真观登楼游玩，发现上面有新科进士们的题名。此时是唐后期，进士在社会上拥有极高的声誉，一旦高中进士，一夜之间美名便可以传遍长安，十几日就可传遍全国。中进士是知识分子最大的荣誉，可是从来没有女人可以参加科举，鱼玄机空有一身的才学，也是毫无用武之地，只能在往来唱和的时候显露一下而已。联想到自己受制于人，命运被别人辖制的事实，鱼玄机无比惆怅，于是大笔一挥，也在上面赋诗一首："云峰满目放春情，历历银钩指下生。自恨罗衣掩诗句，举头空羡榜中名。"（《唐才子传》卷八）意思是，我呀，所恨就是身为女性，掩盖住了我的诗名，让我只能对着进士榜艳羡而已。言外之意就是，要是我为男性，也就没你们什么事儿了。鱼玄机如此有气魄，但也很无奈，因为唐代社会归根到底还是男权社会。

当时鱼玄机的住所俨然成了才子们的聚集地，鱼玄机和才子们迎来送往，诗歌唱和。鱼玄机善于品评诗歌，这些才子们谁也不敢小瞧她，都以自己的作品经过她肯定为荣，所以鱼玄机成了当时文坛一景。很多人来拜访她的时候，常带着自己的诗，同时还要带上酒，可见鱼玄机雅好此二物。

但是，鱼玄机的心理也在发生变化。早年间的委屈使她看破红尘，与诗人们的这些来往又给她招来不少非议，又让她变得十分敏感，再加上那种豪放的性格使她常有冒失之举，所以不久就给自己招来了大麻烦。

鱼玄机有一个侍女，是个很漂亮的女孩，年龄不大，叫绿翘。有一次鱼玄机出门，担心有人来找自己，于是吩咐绿翘说，你好好看家，别出门，有客人来的话，告诉他我在哪里即可。她估计有一个和她关系很密切的男性要来。

结果晚上她回家后，问绿翘，有人来吗？绿翘回答说有，我说炼师不在，他连马都没下就走了。炼师是唐代对男女道士的尊称。绿翘所说的这位客人正是和鱼玄机关系密切的那一位。鱼玄机一听就起了疑心："我让你告诉他我在哪里，你为什么不告诉？你究竟是怎么回事？"她怀疑这个侍女是不是和这个客人有什么不正当关系——要不怎么会不让他去找我？他为何招呼都不打就走了？你们两个有何猫腻？

因此她就开始逼问绿翘。绿翘坚持说，我刚才说的是实情，您不该怀疑我。两个人口角越来越厉害，就在此时绿翘一句话彻底惹恼了鱼玄机，她说："若云情爱，不蓄于胸襟有年矣，幸炼师无疑。"（《三水小牍》）意思是，我跟随在您身边，也信奉道教，男女感情的事情我早都抛在脑后了，希望您不要怀疑我。鱼玄机一听火冒三丈，这句话怎么惹怒了鱼玄机呢？原来，鱼玄机虽然看起来自信满满，很豪爽，其实她有很大的一块软肋——自己被迫进入道门，加上诗名远扬，与那些男性诗人们往来唱和，人们难免有闲话，她虽然装作不在乎，但是众口铄金，唾沫星子能淹死人。虽然说唐代女性地位高，但是，也是相对于其他朝代而言的。唐代毕竟还是封建时代，不可能给予女性全部的自由，所以男诗人四处交往就被称赞为豪爽，女诗人就难免遭受诟病和歧视。

绿翘的话在鱼玄机听来就等于是这个意思：你是个女道士，你还好意思和男人交往，我可不像你，我才没这些事呢，你还怀疑我。绿翘是不是这个意思，不得而知，但是鱼玄机内心很敏感，所以勃然大怒，拿起小棍子就打，劈头盖脸，竟然把绿翘打死了。这可闯下大祸了——唐代法律虽然将奴婢列为贱口，但主人也没有杀害奴婢的自由，一旦触犯也得法办。

鱼玄机一看绿翘死了，慌神了。不知道怎么办好，冷静了一下，她在后院挖了一个坑，然后把绿翘埋起来了。

后来有人问起绿翘，她说逃跑了。那阵子奴婢潜逃的事情时有发生，所以大家也没怀疑什么。但是有一天，东窗事发了。

有一天，一个客人来到鱼玄机家里喝酒，到后院去上厕所，忽然发现有一处地面上苍蝇密密麻麻爬了一大片，再一闻，似乎有血腥味。鱼玄机是个女人，力气小，所以挖坑挖得不太深，因此露馅了。

客人回家后就把自己的怀疑和自己的仆人说了，仆人又把这件事告诉了自己的哥哥。他哥哥是个街卒，相当于今天的巡警，此人偏巧和鱼玄机有过节——他曾经向鱼玄机借钱，鱼玄机没给他。其实也许是他看鱼玄机有钱，想赖点钱，但鱼玄机不吃这一套，所以他一直怀恨在心。

听说此事之后，他就秘密来到鱼玄机家门外窥视，证实绿翘的确失踪了，然后叫上人，带着工具突然冲入鱼玄机家中，挖开后院地面，果然发现了绿翘的尸体。于是便逮捕了鱼玄机，将她交给京兆尹审理。

当时很多朝臣都和鱼玄机认识，因此帮她说话的人不少，但京兆尹还是将此案上报给了皇帝。鱼玄机大限已到，当年秋季被处以死刑。一代才女之死，令人扼腕叹息。而她的行为，也的确不能为法律所容忍。

怎么评价这个人呢？她充满才华，心比天高命比纸薄，在那个讲出身讲门第的时代，她从一开始就是人生输家，只能给别人做妾，要是她没有抱负没有才华，也许会平庸一生，但偏巧她有，于是就有了心理上的巨大落差。她与男性诗人们的来往也被当时舆论所不容，这又刺伤了她敏感的内心。绿翘是无辜的，鱼玄机呢？她何尝不是个悲剧？

唐代才女辈出，她们的才华不在男人之下，抱负也很远大，同时又有着对命运的抗争，有人甚至为此付出了代价。我们赞美她们，欣赏她们，也理解她们或者说同情她们。她们是唐代女性的杰出代表，在文坛上留下了璀璨的印迹，如同鲜花怒放，如同群星闪耀。

第十四讲　爱红装也爱武装
——唐代的女将们

　　唐代有这样一批女性，她们不仅相夫教子、纺织绣花，她们同样活跃在战场上，有着不亚于甚至超过男性的勇气。在本讲里，我们来说说她们的故事，看看大唐女性的豪迈与奔放。

　　古代戏剧似乎对女将军题材特别感兴趣，但故事大都是虚构的，比如著名的杨门女将。其实，在宋朝那种对女性进行种种限制的时代里，是不大可能诞生出那种勇猛的女性的，能出个击鼓的梁红玉就算是极其不容易了。

　　中国历史上有明文可考的第一位女将军，是殷商时期国王武丁的妻子妇好。但是此后的大多数时间段里，女性都与战争无缘。不过自从草原游牧民族的新鲜血液注入中原之后，中原也诞生出不少上阵杀敌的女将女兵。《木兰辞》早已为人所耳熟能详，虽然木兰是文学人物，不一定确有其人，但是《木兰辞》能写出来恐怕不是偶然。草原游牧民族的女性本来就成长于马背之上，性格豪爽，自由奔放，一旦需要，她们完全可以上阵杀敌。《木兰辞》写于北朝，最终成稿于唐代，这首诗歌能被传颂可能就是由于其是当时女性精神的写照。

此外，这种勇武也会影响艺术领域。盛唐时期有一个著名的舞女公孙大娘。这里顺便说一句，唐人给女孩起名常叫某某娘，公孙大娘不是一位大妈，而是指公孙家排行为老大的女儿。杜甫曾看过公孙大娘的剑舞，也看过她的弟子的舞蹈，他写诗赞美说："爥（huò）如羿射九日落，矫如群帝骖（cān）龙翔。来如雷霆收震怒，罢如江海凝清光。"（《观公孙大娘弟子舞剑器行》）

唐代是一个尚武的时代，就连女性表现的艺术形式都能体现出这个特点，所以这个年代有一系列巾帼英雄一点儿也不奇怪。

一、乱世女英雄——霍总管

隋末唐初就曾有一个女将军，人称"霍总管"。她的事迹和当时的两个大人物有关，一个是窦建德，一个是李勣。

当时天下大乱，群雄并起。河北地区有一个强大的军阀窦建德，窦建德和唐朝是死敌，他发兵攻打黎阳城。镇守黎阳的是李勣——《隋唐演义》里的那个徐懋功。李勣本来是个很能干的人，但无可奈何的是敌人实力太强大，他不得不逃跑，可是他的父亲被俘了。李勣惦念父亲，于是回来投降了窦建德。窦建德很欣赏他，因而很重用他，但是李勣时刻想着回归唐朝。一方面，他不动声色地为窦建德东征西讨屡立战功；另一方面，他暗地寻找机会，想杀死窦建德然后归唐。有一次机会很好，窦建德说好要来黄河以南李勣的大营，李勣什么准备都做好了，结果窦建德老婆生孩子，人家没来。李勣只好继续寻找机会，很快，机会又来了，只是这个机会是别人强加给他的，而且是一个女人强加给他的。

李勣有个结拜的兄弟叫李商胡，李商胡有个特别厉害的老妈——霍氏，她性格彪悍，善于骑射，人称"霍总管"。"总管"相当于今天的"司令"，换句话说就是"霍司令"。李商胡和李勣关系非同一般，两个人都曾是李密的手下，是瓦岗军的战友。瓦岗军失败后，李密投奔了唐高祖李渊，李勣随后也投奔了唐朝，现在又被迫归降窦建德，而李商胡呢，他手下有五千兵马，也暂时归降在窦建德旗下。

当时黄河以南窦建德派曹旦主事，曹旦是窦建德的妻兄。这个家伙贪得无厌，横征暴敛，李商胡等人也被他勒索，但都敢怒而不敢言。还是霍总管这个老太太挺身而出。霍总管很聪明，一眼就看出来李勣非同凡响，而且内心是反窦建德的。这点儿心思李勣没敢跟别人说起，但是霍总管一眼就看出来了。

有一次，李勣、李商胡聚在一起喝酒，霍老太太在李勣面前说："窦氏无道，如何事之？"意思是，窦建德是无道之人，怎么能为他卖命效力呢？李勣明白了，老太太看出自己的心思了，于是回答："母无忧，不过一月，当杀之，相与归唐耳！"（《资治通鉴》卷一八八《唐纪四》）因为是结拜兄弟的妈妈，所以李勣也叫她母亲，他说母亲不用担心，最多一个月，我就杀了他，咱们一起归唐。

宴会结束，李勣走了。霍总管身为女性，却能带兵打仗，可以想见，她一定是个很独立自主、很有闯劲的人。今天得了李勣亲口许诺，霍总管心里有底了，于是她对儿子说："东海公许我共图此贼，事久变生，何必待其来，不如速决。"（《资治通鉴》卷一八八《唐纪四》）意思是，既然李勣已经同意和咱们一起举事，为什么要等到一个月以后？一个月的时间闹不好会泄密呢，时不我待，不如今天就动手。这是什么意思？他们是打算造成既成事实，逼迫李勣动手。

李商胡对母亲言听计从，立即连夜行动。他们首先袭击了窦建德的水军，李商胡召来曹旦麾下二十三位将领，将其灌醉后杀死。又诓骗敌人三百士兵，用四艘大船运他们过河，船至河中，将三百士兵杀死。其中一位兽医游泳逃到南岸,向曹旦报信去了。霍总管这边派人向李勣通报情况。

这事儿对李勣可是相当不利。为什么呢?李勣的军营和曹旦的军营紧挨着。接到报告,李勣惊出一身汗:我的天,我还没做好准备啊,怎么办?想袭击曹旦,结果一打探,发现曹旦军营突然开始加强戒备,很明显,人家也听到风声了。这下坏了,曹旦肯定会向窦建德汇报并且请援兵,自己这边实力本来就薄弱,这下子不得不跑了,于是他去投奔了李渊,李渊大喜,从此唐朝多了一员有勇有谋的虎将。

而霍总管这边呢?很可惜,她的队伍后来失败了。当时她和儿子接连击败窦建德的队伍,但是窦建德本人听说后,立即带着主力部队赶来镇压,李商胡兵败被杀,霍总管的下落史料没有记载,极有可能也牺牲在战场上了。

二、建唐元勋——平阳公主

平阳公主是李渊的第三个女儿,她的母亲是李渊的原配窦氏。平阳公主大概自小就是个很有勇气,同时也很有男孩子气的女孩。长大后她嫁给了柴绍。柴家和李家是世交,且同朝为官,所以李渊就把自己的女儿嫁给了柴绍。

由于柴绍在长安做官,所以平阳公主跟着他住在长安。李渊决定在太原举兵的时候,就派人秘密地告知了自己的女儿、女婿。接到消息之后,柴绍决定去太原帮助自己的岳父。

如此一来,问题就出现了,他去太原,平阳公主怎么办?此时天下大乱,人人自危且互相怀疑,要是你带着全家都离开了长安,人们一定会认为你这是想出外造反,这样你就危险了。所以他必须得一个人走,这才不至于引起别人的怀疑。而且李渊召他去的命令里应该也是这么规定的。可是呢,他放不下自己的这位爱妻,于是他说:"尊公举兵,今偕行则不可,留此则及祸,奈何?"(《资治通鉴》卷一八四《隋纪八》）意思是，你父亲要举兵，我要去参加，不能带你走，可是留你在这儿，举兵的消息传来，你不也就危险了吗？怎么办呢？

这位平阳公主还真不是一般人，一张嘴，她回答了这么一句话："君弟速行，我一妇人，易以潜匿，当自为计。"（《资治通鉴》卷一八四《隋纪八》）意思是，你不要担心，你走吧，我是个妇人，容易躲起来，而且我还有我自己的打算。最后这句话很耐人寻味。她的意思是什么呢？她不甘心当一随军家属，坐等胜利的到来，她也准备大展手脚，要干一番宏图伟业。隋唐时期的女性就是这么有魄力。

柴绍走后，平阳公主立刻离开了长安城，来到了距离长安不远的鄠县别墅。隋唐人所说的别墅又叫作别业，这个跟咱们现在理解的带个小院、有座独立小楼的别墅不是一回事。他们那个别墅，是连房子带很大田地的一片庄园。平阳公主到这儿来干什么呢？她到这儿有两个用意：第一，这个地方距离长安不远，不算离开长安，她可以继续麻痹敌人；第二，离开长安城，确保自己的安全。父亲举兵的消息传来，敌人一定会搜捕她，所以她预先躲出城外。

到了别墅之后，平阳公主一天也没有闲着。史籍记载说，她"散家赀，聚徒众"（《资治通鉴》卷一八四《隋纪八》）。即把家财散尽，招兵买马。她招兵买马要干什么？她决心在父亲还没有来到长安之前，就先把长安外围替父亲给扫荡干净。

这里有一个疑问，这是李渊给她布置的任务，还是她自作主张？恐怕是她自作主张。为什么呢？平阳公主再厉害也是女流啊，招兵买马、扫清外围这么重大的事情，假如是李渊布置的话，他绝对不会让女儿一个人去做，更不会把柴绍给召走。所以，这应该是平阳公主自作主张。这充分展现了这个女子的胆量和谋略。

不久李渊就真的举兵了，平阳公主也就开始放手大干。而此时鄠县有一股人数过万的武装力量，首领叫何潘仁。

何潘仁是西域胡人，从他的姓氏可以判断，他极可能是一个粟特人,也就是今天中亚地区的人。他很有钱——那时有很多粟特人经商,一般都很富有。但是隋炀帝时期何潘仁犯法了,他害怕隋炀帝追究,于是跑到司竹园躲了起来。当时天下已经大乱,群雄并起,他四处招兵买马,竟然有了数万人的部队,他就在当地自立为王。

平阳公主派自己的家奴马三宝去游说何潘仁。马三宝原本是柴家家奴,柴绍觉得他很有能力,于是临走前把他留给了平阳公主做个照应。此番平阳公主将他派出,可谓寄予厚望。马三宝不仅有胆量,而且口才极好,他成功说服了何潘仁。也许何潘仁是这样考虑的:自己是个胡人,要想立稳脚跟,必须有靠山。而李渊呢,大家都说他是真命天子,而且还是根正苗红的关陇大贵族后代,并且正在向关中地区挺进,很适合当自己的靠山,所以他选择了投奔平阳公主。要说他一个大男人,怎么就那么容易接受一个女人的领导呢?这一点还真不奇怪,为什么呢?胡人的文化里,女性当家是很自然的事情。颜之推的《颜氏家训》里就说过,北朝受少数民族影响,女性操持门户是很普遍的事情,再加上平阳公主的确很能干,所以他就决心归顺。何潘仁拜谒了平阳公主,还主动给平阳公主留下了一百名精兵作为警卫。

随后马三宝自称总管,代表平阳公主出面,很快就聚集了多路人马,实力大为增强。唐朝建立后,马三宝随着李世民四处征战,立有大功,拜为左骁卫大将军,去世时唐太宗还特地罢朝,以示哀悼。

此时关中地区群龙无首,要想不被隋军各个击破,必须得有一个领袖站出来领导大家。毫无疑问,李渊是很合适的人选。为什么呢?他是关陇贵族后代,有胆量有谋略,深孚众望,而且麾下兵力雄厚,所以很有号召力。可千万别以为所有农民起义军的领袖都怀有兼并天下的雄心壮志,他们当中的好多人,说白了是"官逼民反,民不得不反",反了之后怎么办?他们没有长远的计划,他们需要领袖,所以就投靠了李渊。

平阳公主有胆量、有谋略,而且现在手头的兵力也比较雄厚,她的志向就是肃清长安外围。况且此时她不是一个人在战斗，还有李渊的族弟李神通及另一个女婿段纶在长安以东举兵响应。因此你要是不听她的，不用隋朝的军队来，平阳公主就先把你给扫荡了。因此大家就很听话。

当李渊的军队渡过黄河来到关中以后，平阳公主亲率一万精兵，前来接应自己的父亲。李渊听说女儿来了，特地安排柴绍来迎接女儿。"遣绍将数百骑趋华阴，傍南山以迎公主。"（《旧唐书》卷五八《柴绍传附平阳公主传》）李渊没有把女儿的部队并入其他部队，而是让她单独立营，这是对她功绩的肯定，也是对她指挥能力的肯定。所以平阳公主的这支军队，对外就号称"娘子军"，这个称号是对平阳公主的褒扬，从此以后这三个字名满天下。

此时的长安城好像一个熟透了的苹果——外围已被平阳公主扫荡殆尽，现在就等李渊来摘果子了。长安城闭门自守，人心惶惶，兵力还是有一些的，可惜军无斗志。而李渊手头的兵力多达二十余万，大军包围了长安城，制作了很多攻城器械，"绕京竹木，歼于斯矣"（《大唐创业起居注》卷二）。意思是，长安城周围的竹子都被伐光了，用来制造攻城器械。根据《大唐创业起居注》的记载，攻城最积极的部队就是新附的部队，也就是新归顺过来的这些部队，其中应该就包括那支娘子军。

李渊登基称帝以后，封自己的这个女儿为平阳公主。每次赏赐公主们的时候，"以独有军功，每赏赐异于他主"（《旧唐书》卷五八《柴绍传附平阳公主传》）。可见，给平阳公主的赏赐都格外多。

别的公主也没话说，哪还有话说？那能相比吗？武德六年（623年），平阳公主去世，唐高祖非常悲痛，下令风光大葬，而且要加上鼓吹之乐，也就是军乐。有司提出异议，说按照礼法，女人的葬礼不能用鼓吹之乐。唐高祖一听就恼了，说："公主功参佐命，非常妇人之所匹也。何得无鼓吹！"（《旧唐书》卷五八《柴绍传附平阳公主传》）意思是，一般来讲是不给妇人的葬礼用鼓吹之乐，问题是，我这个女儿是一般的女人吗？她冲锋陷阵，是开国的元勋，所以她的葬礼上一定得给我加上军乐！

平阳公主和她的娘子军成了中国历史上的一段传奇。她的事迹对于唐代和后世妇女都有着巨大的激励作用。

宋代洪迈《容斋续笔》称赞平阳公主说："至于能以义断恩，以智决策，干旋大事，视死如归，则几于烈丈夫矣。"妇人原本应该是婉约的、柔顺的，但是一旦她们充满勇气，发挥才智，视死如归，往往会比男人还要勇敢。而平阳公主毫无疑问又是其中的佼佼者，绝非一般男人可以比啊。

三、虚构的女将——樊梨花

说到唐代女将，好多读者会想起樊梨花。此人很有名，戏剧舞台上、电视里都活跃着她的身影。

樊梨花的形象最早出现在清代。乾隆年间，有个叫如莲居士的人写了一本《说唐三传》，第一次塑造出樊梨花的形象，好多人将其称为四大巾帼英雄之一，所以很多人真的以为有个樊梨花。

樊梨花的形象被塑造出来之后，经过民间说唱艺术的不断再加工，其形象得到了进一步的丰富和发展。樊梨花的传说版本众多，大致剧情是：唐贞观年间，大将薛仁贵被权贵诬陷下狱。正在此时，西凉哈迷国犯境——一听这国名就是打哈密瓜那里来的——徐茂公力荐薛仁贵挂帅征战，戴罪立功，从而逃过此劫。薛仁贵征西，误中圈套，被困锁阳城。唐高宗见出征不利，征召能人挂帅。薛仁贵之子薛丁山主动请缨，夺得帅印，然后成功救出了父亲薛仁贵。消息传至哈迷国，君臣为之震惊，寒江关关主樊洪悲愤不已。樊洪有女樊梨花，貌美绝伦，智勇双全，武艺高强，她与薛丁山阵前交锋，一见钟情。樊梨花装败退走，薛丁山乘胜追击，被樊梨花所擒，然后樊梨花表白爱意，薛丁山三娶樊梨花，才最终圆满。在樊梨花相助下，薛丁山征西成功。

后来还有薛刚反唐的故事，薛刚乃樊梨花之子，他的故事版本很多，一般来讲都是说薛刚性格倔强，闹花灯闯下大祸，纵马狂奔，误毙太子，薛府合家被逮，唯薛刚与薛强逃脱。高宗皇帝念薛家有功，未予治罪，但是后来武则天以此为借口将薛家满门抄斩。后来薛刚聚集兵马打回长安，得以报仇并为家族昭雪，而且使得大唐复国。

历史上真实的情况是怎样的呢？

第一，历史上没有薛丁山。薛仁贵的长子是薛讷（nè），年轻时就以一身正气而著称，与奸臣来俊臣等进行过斗争。因为他是虎将薛仁贵之子，武则天还曾重用他，而不是像民间传说的那样迫害薛家人。唐玄宗时薛讷与契丹作战失利被免官，后来戴罪立功，击败过吐蕃，由此得到重用，屡次出征。后来寿终正寝，享年七十二岁。普遍认为他就是薛丁山原型，但这又不应该算原型，因为两人事迹差太多了。

第二，历史上没有薛刚。薛仁贵的孙子里还真有一个反唐的，但不叫薛刚，而是叫薛嵩。薛嵩以骑射闻名，为人豪迈。历史学家黄约瑟先生研究过薛仁贵家族，认为民间传说里的薛刚就是以薛嵩为原型的。不过事实上薛嵩只是反唐队伍中的跟随者，不是主谋，而且他反的不是武则天，而是唐玄宗。他参加了安禄山、史思明叛军，因功被封为邺郡节度使。安史叛军失败后，薛嵩降唐，被封为昭义节度使。当时很多安史叛将投降唐朝后，唐政府为了安抚他们，一般都封他们为节度使，后来发展为割据藩镇。但是薛嵩不一样，他对中央的态度比较恭顺，而且把地方治理得很好，唐代宗大历八年（773年）病死。

所以，既然薛丁山、薛刚都是虚构的，那么樊梨花自然也是虚构的。

在这一讲中我们介绍了两位真实的唐代女将，还讲了一位虚构的唐代女将。从真实的女将身上我们能够感受到大唐女性那种奔放豪迈的气质，这种气质也是大唐的气质。女性可以影响家庭，影响孩子的气质，帮助塑造丈夫的气质。女性强则时代强，这样的女性配得起唐这个时代。

第十五讲　时代侧影
——唐代妇女的婚姻与家庭

有那样一个时代，女人们虽然仍然要听从父母之命、媒妁之言，但可以大胆对择婿提出条件，做出选择；有那样一个时代，妇女们在家庭里可以操持门户，可以大胆发声，占据主动地位。这个时代就是唐朝。

唐代妇女最出彩的除了那些名人以外，还有那些普通妇女，她们一起构成了一道别具特色的风景线，所以这一讲要讲一讲她们的历史。

一、日常生活的时代特色

唐代妇女相对来说比较自由，这也体现在她们的日常生活里，主要有如下几个方面：

1.经常抛头露面

隋唐妇女没有那么多禁忌，"大门不出二门不迈"这个概念她们是没有的，所以在社交领域内隋唐妇女有很大的活动自由。杜甫的名诗《丽人行》中的"三月三日天气新，长安水边多丽人"，描述的就是上巳节妇女们出外游玩的场景。女人和男人一样可以出外踏青、跨马游玩。看球赛，逛戏场，甚至做生意都是很常见的事情。

2.有与异性交往的自由

隋唐妇女的婚姻虽然也按照父母之命、媒妁之言来进行，也属于包办婚姻，但是自由度还是比其他朝代要大一些，起码家长会征询女儿的意见，女孩子也会用各种方式看一看自己的未来夫婿长什么样，难看不难看。女子还有决定权。有一个小故事。唐玄宗时期宰相李林甫家里有六个女儿，都逐渐到了婚配年龄，怎么选女婿呢？李林甫就在自己平常办公的那个厅外面开了一个小窗，让这六个女儿悄悄躲在这个窗户后面，他说，凡是有年轻的士子来我们家说事的时候，你们可以在窗户后面悄悄看，看中哪个给我说。所以人们给这个窗户取了个名字叫"选婿窗"。说是包办婚姻，但最起码你自己得先有个大方向，有个主意嘛。唐代传奇小说中自主择婿的故事还有不少，可见女孩子还是有一定的选择权的。

日常生活里，妇女和异性交往也没有那么多禁忌。举个极其简单的例子，好多人都会背白居易的《琵琶行》，还记得那里面的情节吗？江州司马听到有人弹琵琶，想跟弹琵琶的女子攀谈一下，于是就"移船相近邀相见"，那女子竟然也同意了，然后就有了后面的女子痛说家史。这大半夜的，你一个小女子，他一个大老爷们儿，说聊天就凑到一起去，事后写成诗，也不怕人说闲话？这说明什么呢？说明唐朝男女之间交往是比较普遍、比较自由的，所以当时人都觉得没什么。

3.性格自由奔放且有主见

隋唐女性多性格自由奔放且有主见，穿男装，着胡服，纵马驰骋，甚至还弯弓射箭，总之男人干什么她们干什么。甚至于还出过女将军，还有女商人。比如一个叫俞大娘的人，是搞运输的，搁在今天就叫作物流行业领军级人物——拥有巨型航船，号称"俞大娘船"，光船工就数百人，婚丧嫁娶都在上面，小城堡一样。

唐代妇女为什么这么厉害呢？这跟中原文化吸纳了游牧民族文化有关。

南北朝时有一个人叫颜之推，本是南朝人，后来到了北方，先是当北齐的官，后来又当了北周的官，所以对大江南北的文化差异就有直观的感受。他写了一本书叫《颜氏家训》，他说江南的妇女，循规蹈矩，甚至轻易都不和娘家来往。而北方呢，风气截然不同。他描述说北方妇女太彪悍了，走亲访友毫无拘束，甚至打官司、代子求官、为丈夫诉冤，那真是能撑起半边天来，所以颜之推使用了这样四个字来形容北方民风——"妇持门户"（《颜氏家训》卷上《治家篇五》），女人都是管家掌权的。北方这幅景象是文化大融合之后的结果，所以颜之推紧跟着说了这么一句话："此乃恒、代之遗风乎？"意思是，这恐怕是鲜卑族的遗风吧？他说对了，受北方游牧民族文化的影响是隋唐妇女地位高的主要原因之一。

二、择偶与结婚

说到结婚，唐代人结婚一般是在什么年龄？在隋末时期，由于战乱的影响，人口大量地减耗，其中包括死亡的，也包括脱离政府户籍控制的逃户。在这种情况下，唐政府特别重视婚姻，要求老百姓要及时婚配，要赶快繁衍人口。唐太宗就下诏书规定，凡是男的年龄在二十岁以上，女子年龄在十五岁以上的，都应该结婚。而且他还不忘那些鳏夫和寡妇——你们丧偶也有一段时间了吧，这个服丧期也过了吧，既然过了，赶紧结婚吧。然后他还跟政府说，你们地方各级政府听好了，我要把这个作为衡量你们政绩的标准。唐政府就这样殷切地希望老百姓赶紧结婚。《周礼》原本规定男子应该是三十而娶，女子二十而嫁，这个规定看起来更符合人的生理和心理特点，但是唐代时的标准远低于此数。

根据考古发现的墓志进行统计，唐代男子的成婚年龄一般在二十岁以上，女子成婚年龄平均是十五岁。二十七岁出嫁都算到极品的年龄了，是不可想象的！在今天"剩男""剩女""剩斗士"一抓一大把的时代，不知道大家看了这个数据会做何感想。

那么，唐代妇女有哪些择偶标准呢？当然，有门第、有一定经济实力、长得帅的男人较受欢迎，这一点古今同理。但是，唐代还有另外一个特别的标准，就是高度重视男人的才华。唐太宗时期有个叫薛万彻的将领，骁勇善战，太宗皇帝将自己的妹妹丹阳公主嫁给了他，结果，丹阳公主心里老大不乐意。怎么回事呢？原来薛万彻虽然名气大，骁勇善战，但是却没有多少文化，所以公主心里不乐意。尤其有一次听说唐太宗跟手下人说"薛驸马村气"，也就是土气的意思，这下子公主不干了，连续好多天不和丈夫坐同一张席子。唐太宗听说了，啊？因为我的缘故我这妹妹和妹夫闹分居啊？那就弥补一下吧，于是他特地请两口子到宫中做客，吃饭喝酒，还和薛驸马玩握槊。握槊又叫双陆，是那时的一种棋类游戏，下棋时太宗故意让着薛驸马，而且还把随身佩带的刀子输给了他，那意思就是给公主看，薛驸马智商也是很高的哦，很有才的哦……这下子见效了，出了宫门，薛驸马骑上马就要走，公主在后面招呼："来，和我坐一辆车，咱回。"

唐代自打武则天在科举里加试杂文以来，文采便成为安家立命的资本，所以文采也成了女孩子眼中的择偶标准之一。《唐语林》记载了一个诗文决斗的故事。有个叫李郢的小伙子，听说邻家有女初长成，而且容貌秀丽，他就来求婚，没想到还有一家来竞争的。这下子女方家为难了，选哪家啊？最后决定出个难题——谁先送来一百万彩礼钱就嫁给谁。没想到这两家行动都很迅速，同时凑够了一百万。这怎么办？最后还是女孩子自己来拍板：干脆你们各自赋诗一首吧，看诗文优劣来决定。这下子李郢得意了，为什么呢？他有才啊。果然诗文一写，女方家判定李郢胜出。你看，多文雅，多文明，西方情敌决斗用手枪用剑，咱们用诗文。

还有个著名的《霍小玉传》，记载了一个叫霍小玉的清倌人的爱情故事。清倌人就是卖艺不卖身的艺伎。霍小玉虽然自小命苦，但是容貌美丽，而且很有才华。这样的女孩子很看重男人的才华。她心目中的男神是谁呢？是一个叫李益的人，诗文誉满天下。霍小玉虽然没见过他，但是早已经心向往之，最后通过媒人将李益引到了自己家。刚开始是她母亲与李益寒暄，霍小玉羞得不敢抬头，最后还是她母亲说："汝尝爱念'开帘风动竹，疑是故人来'，即此十郎诗也。尔终日吟想，何如一见？"意为你不是爱念这两句诗吗？这位就是作者十郎啊，见面感觉如何？霍小玉低着头说"才子自然有貌"。李益赶紧敬酒，后来两人有了一段爱情故事。这就是才华吸引女性的典型故事。

当然了，父母之命也是要听的，但是家长会给女儿讲道理。再讲一个故事，有个官员韦诜（shēn），严于律己，很廉洁，选女婿也要选有才干、清正廉洁的。很多名门望族来求婚，他都不答应，觉得那些都是纨绔子弟。有一天，是个休息日，没事干，他登上高楼眺望，忽然见不远处有一户人家正在后院埋东西。他问别人：那是谁家啊？回答说："参军裴宽家。"后来见了裴宽，韦诜问他：你那天埋什么东西呢？裴宽回答说："我立誓不搞贪污受贿。那天有人来拜访我，给我留下一些鹿肉就走了，我来不及追，所以就把鹿肉埋起来，以免违背了自己的誓言。"韦诜一听，哎呀，这不就是我要找的女婿吗？于是请裴宽到自己府上做客。第二天，裴宽来了。他又高又瘦，穿着低级官员的绿色袍服，晃呀晃的，韦家人看到了一阵哄笑，立即给他了一个外号"碧鹳鹊"，意思就是一只绿色的鹳鸟。韦诜女儿当然也不乐意，韦诜就跟她讲道理：人爱护女儿，就要为她选择有贤德的女婿，而不是看现在富贵与否，尤其不可以貌取人。最后韦氏女嫁给了裴宽，事实证明这个选择很正确，裴宽事业很成功，官当得很大，而且很廉洁，在朝野上下极有威望，唐玄宗以"心似晋水清"来形容他。可见这女婿选得有多好。

但是必须承认，那个时代门第观念还是比较强的。婚姻当中，女性虽然有一定的自主权，但还是要服从于当时的门第观念。唐初旧门阀大族虽然已经衰落，但是社会名望依旧，山东崔、卢、李、郑诸族都特别矜持，谁要是能和他们联姻那简直就光荣极了，所以这些旧士族架子都非常大，宰相来求婚也不一定答应。唐太宗、武则天都曾经试图打击这些旧士族，压制他们的骄狂，但是没办法，在这件事上社会观念很难扭转。旧士族政治上没什么力量了，但在婚姻市场上仍然很受欢迎，全社会都仰慕人家，所以这些大族嫁女时要的彩礼也比别人高得多。

俗话总说"皇帝女儿不愁嫁"，但这话搁到唐朝不一定啊。唐文宗曾经想把自己两个公主嫁给士族，结果人家都躲着，不接招。当时唐文宗无奈地说了这么一句："民间修昏姻，不计官品而上阀阅。我家二百年天子，顾不及崔、卢耶？"（《新唐书》卷一七二《杜兼传附中立传》）民间把士族门第看得比我李唐家官品还重要，我李家当了二百年皇帝了，婚姻这方面竟然还不如崔氏、卢氏这些旧士族吗？

这里有一个有趣的故事，从中可以看到当时人是看重皇家还是旧士族家。唐宣宗时期，万寿公主要出嫁，唐宣宗下令选择良婿，宰相白敏中荐举新科状元郑颢。郑颢本来正在向范阳卢氏求婚，那是大士族啊，正在等待回音，而且据说很有希望。结果此时传来消息，皇帝要你当驸马，这下子郑颢崩溃了，不得已遵从君命成为驸马，从此一生记恨白敏中。后来白敏中去当地方官，临走前向唐宣宗表达了自己的忧虑："我当年把郑颢推荐为驸马，这小子记恨我啊，我怕一旦离开京城，他就会在您面前进谗言，我可就死无葬身之地了。"唐宣宗呵呵一笑："你以为这些年郑颢还少告你了啊？"他命人把一沓子奏折给白敏中看，全是这些年郑颢告他的。唐宣宗说，你放心吧，他告你我从来就没信过。通过这个故事，大家就可以看出当时人们的婚姻观念。

但是唐人反对门第观念的也不少，他们相信缘分能超越门第，月老的传说就是唐代出现的。据说有一个叫韦固的人，在月光下遇到了一位老人，只见这位老人鹤发童颜，仙风道骨，正在月下看书。韦固觉得奇怪："这么暗，您看的是什么书啊？"老人回答说："这不是人间的书，是管天下姻缘的书。"韦固一听，仙人啊，赶紧行礼。又问，您囊中是何物啊？老人回答：这是红绳，一旦用这个红绳牵住男女双方，那就姻缘注定，"虽仇敌之家，贵贱悬隔，天涯从宦，吴楚异乡，此绳一系，终不可逭（huàn）"（《定婚店》）。意思是，就算是仇敌，身份贵贱差异极大，天南地北，我这绳子一旦连上，注定就是夫妻。这里提到了，只要缘分到了，身份不应该是阻碍。这还颇有点现代思想呢。

择偶确定了，就该结婚了。唐人结婚要走六道程序，称为六礼：

（1）纳采：男方请媒人向女方提亲。

（2）问名：男方询问女方名字及出生年月日时辰。

（3）纳吉：卜问吉凶。

（4）纳征：男方向女方送纳聘财，双方婚约成立。

（5）请期：男方向女方家长请示婚礼具体日期。

（6）亲迎：正式婚礼。

正式婚礼的时候热闹极了，咱们可以和今天的婚礼比较一下。

第一，新郎率领亲族骑马至女方家，高声朗诵"催妆诗"，催促新娘打扮停当，上车至男家。这相当于今天的接新娘。而且接新娘时还有"障车"——娘家人拦住男方车马要红包，如果新郎有才气，还要让他当场写"障车文"。现在接新娘时不也是一大堆新娘的闺蜜、姐妹拦门嘛，图的都是个热闹喜庆，大家乐一乐。

第二，下婿。据说除部分地区之外，现代已经没有这个风俗了。什么叫下婿呢？就是给女婿一个下马威，女婿进门，娘家妇女们一拥而上，劈头盖脸一顿打。当然是轻轻地打，但是有点警告的意思在里面：

你别想欺负我家姑娘,我们可不是好惹的。

第三,转席。到了男方家,新娘下车时脚不能着地,而是以彩色毡褥交替转前,新娘行走一步,就有人把后面的毡褥挪到前面去,脚始终踩在上面,寓意前程似锦。

第四,走到门口后,新娘要从门口的马鞍上跨过去,或者坐一下,寓意平平安安。据说现在某些地方还有这种风俗。

第五,摆酒宴。亲戚朋友围坐在一起,甚至还有乐舞助兴。

唐代婚礼乐舞图

古代婚礼就是昏礼,是在黄昏结婚,一直持续到夜间,取黄昏阴阳交合之意。当年太平公主结婚时,点了大量火把照明,以致把大路两旁的树烤死了不少。现代一些地区结婚是在中午,那是明朝以后才出现的习俗。

古代新郎和新娘正式见面前,新娘要盖着盖头。但是唐代没有盖头这一说,而是用扇子遮着新娘的脸。新郎要想见新娘的面,要当众吟诵一首《却扇诗》,诗做得好,新娘子才把扇子放下来,夫妻正式见面。可见唐人对才气有多重视,这时候还不忘吟诗。

新娘子进门了,算是婆家人了,这时候家庭责任就需要你承担了。唐代诗人王建写的《新嫁娘》是这样描述新媳妇的:

三日入厨下，洗手作羹汤。

未谙姑食性，先遣小姑尝。

意思是说，新娘子嫁过来三天就要开始伺候公婆了，那时管婆婆叫作"姑"。这首诗里的新媳妇小心翼翼，做了一道羹汤，害怕不合婆婆口味，先把小姑子叫进来尝一尝。那时的妇女，坦白说，负担不轻，家里家外都需要她们操劳，更何况还要生儿育女。女人真的不容易。

不过怕老婆是隋唐男性很普遍的一种"美德"。隋文帝就是有名的怕老婆，独孤皇后很彪悍。唐高宗不也是怕老婆吗？这里讲两个小故事。

1. 吃醋

据说宰相房玄龄的老婆就是个悍妇，不许房玄龄纳妾。唐太宗有一次想给房玄龄赐个美人，老房不敢要。为什么不敢要？家有河东狮子吼。唐太宗听了之后说："太不像话了，她能有多厉害？我的话她也敢不听吗？"于是把房夫人叫来，跟她说："房玄龄是宰相，他这个级别有几个妾那是很正常的，也是法律允许的，你别出来挡横儿啊。"没想到房夫人果然彪悍无比，竟然拒不从皇命。唐太宗令人拿了一杯酒给她，告诉她说："这是鸩毒酒，你选吧，你是选听从命令，还是选死，二选一！"没想到房夫人连犹豫都没犹豫，拿过酒杯咕咚咚就喝下去了。唐太宗都看傻眼了。其实那根本不是什么毒酒，就是吓唬她的，没想到房夫人真的敢喝。最后唐太宗也没招了，心想，这种女人自己都害怕，还别说房玄龄了。

这个故事有多个版本，还有版本说当事人不是房玄龄，而是另一个大臣任瑰，再往后世越传越走样，说是当时给那个女人喝的不是酒，是醋。其实唐代的醋还真的有一个别名叫"苦酒"。后来汉语里的"吃醋"就是从这里来的。

2. 降黄巢

晚唐时期有个宰相叫王铎，皇帝命令他到外地去坐镇，抵御黄巢起义军。结果他从京城出发的时候，没有带夫人去，而是带了自己的姬妾前往。这下子捅了马蜂窝，他的夫人也是著名的悍妇，鼎鼎有名。王铎前脚走了，夫人听说他是带着姬妾走的，一股无名火直冲脑门，于是决定：你走哪儿我跟哪儿。她脚跟脚撵着王铎就来了。王铎刚到任所，正在指挥布置城防抵御黄巢，忽然有人来报，夫人快到了。王铎这下子傻眼了，怎么办？他对属下说："情况大不妙！黄巢正从南边打过来，夫人从北边杀过来了，我该如何是好？"他的属下点点头说："嗯，不如降黄巢。"大家看，这夫人比黄巢还厉害呢。

这些故事听着就是一乐。但是这种故事在唐代明显比其他朝代多，反映出那个时代妇女的地位比较高，也比较有自信。

近年来不断深入的研究，尤其是出土的大量墓志，向我们展示了另一幅画卷：隋唐妇女三从四德的思想仍然是很浓厚的，与中国古代其他时代的妇女，没有本质的区别。那些山东旧贵族，整天矜夸自己，说我们家的女儿懂礼仪。什么叫懂礼仪？就是三从四德嘛，这是用来标榜的工具。由此可见，这是受推崇的。我们今天说隋唐妇女地位高，这也只是相对宋代以后而言的。

另外，就恋爱方式而言，唐代传奇文学中有好多自由恋爱的故事。可是大家想想，那些故事之所以能被写到传奇文学当中，作为一种浪漫的象征，恰恰说明它少。今天还有谁跑出去到处跟人说，我可是自由恋爱结婚的？就是因为唐代的时候自由恋爱少，所以稀罕，才能成为传奇，就是这么个道理。那时候婚姻的主流方式，仍然是家长控制下的包办婚姻，只是妇女有一定发言权而已，所以也不可对这种自由恋爱做过高的估计。

但是即便如此，唐代女性仍拥有古代其他朝代女性所没有的自由。她们的喜怒哀乐就是这个时代的喜怒哀乐，她们为这个时代增添光彩，也为这个时代做了一个注脚：这是一个文化灿烂、自信从容的时代，只有在这个时代里，女性才能焕发最大的活力，活跃在政坛、文坛和其他领域内。有了她们，唐代才如此迷人，我们也才能对这个时代魂牵梦萦。